Idea man

Idea man

越內向
越成功

Google媒體關係總監、Twitter總編親授，
給內向者的「無壓力社交法」，輕鬆建立深刻人脈

TAKING THE WORK OUT OF NETWORKING

An Introvert's Guide to Making Connections That Count

KAREN WICKRE

凱倫・維克爾——著　沈曉鈺——譯

獻給教我無所畏懼的湯姆，

以及你們所有和我一國的朋友。

你們支持我繼續前行。

目錄 CONTENTS

前言

建立人脈比較像是耕作，而非打獵

我們大多數人都把經營人脈視為雜務，是我們有所需要時才去執行的苦差事，好比說要找新工作、得到更好的職涯指導、自我進修，或是取得有用的資訊等。當我構思本書，聽到我提起這本書的人，每個都不約而同地表示：「我討厭經營人脈。任何有助於我避開或能夠順利度過的方法都好。」

後來我轉而去問推特和臉書上的朋友，到底他們這麼討厭經營人脈的癥結點是什麼，結果回答如雪片般飛來：

「每個人都想要當別人，但他們就不是那樣的人。」

「有目的性很不自然。交談是為了到達目的，而不是為了建立聯繫，感覺很假。」

「因為大家交流唯一的共同目標，就是利用關係各取所需，我討厭非得去跟這些我以後根本不會記得的人說場面話。」

當了一輩子的內向人，想到被迫做自我介紹、談論過多私人事務，甚或要張名片，向來都是我最討厭的事情。

假如我的月曆上填滿開會、待打電話，需要我不停講話，或是身處在人群中的待辦事項，我就會焦躁不已。

然而，儘管我需要自我保護和獨處，如今我也已經來到六十七歲的年紀，有幾千個散布在全球各地的聯絡人。

我從來不會在現場跟人熱絡互動。但不管對方是什麼樣的人，我都不怕與對方開啟話匣子。

在我漫長又豐富多變的職涯裡，我的人脈每天都豐富了我的生活。大家為了獲得發想，為了取得支持、聯繫與引薦朋友而定期求助於我，而我也對他人做同樣的事。

在「內向」到「外向」的光譜上，不論你落在哪一點，建立人脈的重要性都更甚以往，因為我們必須靠此發展新的聯繫。

以下幾點便足以證明人脈的重要：

- 我們經常換工作。較年輕的戰後潮，在他們工作的歲月裡，做過將近十二個不同工作，千禧年世代則做過更多工作（美國勞動統計局）。
- 跳槽從年輕就開始。今天的大學畢業生在他們畢業後的頭五年裡，所效勞的公司數目是從前的兩倍。（LinkedIn）
- 我們常常搬家。美國人一輩子的搬家次數超過十一次。（FiveThirtyEight.com）
- 我們越來越多人為自己工作。將近四千一百萬的美國人是自雇工作者，年紀在二十一歲以上，這股趨勢正在成長。（MBO Partners、Nation1099.com）

基於上述理由——換工作、職業屬性、搬家遷徙——經營人脈變成我們大多數人必要的經常練習。

隨著在職涯中不斷前進，我們會越來越需要認識各式各樣的人，彼此仰賴。「人脈」的當代定義是「努力去認識許多人，與他們交談，特別是為了得到有利於自己的資訊」，聽起來還不賴，對吧？

儘管如此，大家還是討厭經營人脈

但對許多人而言，一說到人脈，他們腦海中就想到這樣的畫面：把名片塞到每個見面的人手裡，並確保自己也收集到同等數量的名片。

經營人脈還有其他令人討厭的面向：必須去認識陌生人，以便能排隊等著應徵新工作；需要取得關於新領域或地方的獨家消息；想辦法走後門，以便得到與自己經驗匹配的有趣角色。

上述這些狀況全都看似虛情假意，擺明了是公事公辦。除此之外，我們無所不用其極地避開人脈經營，然而當我們意識到自己有需要動用人脈時，往往事情已處於谷底，例如快被炒魷魚、職位前景黯淡、工作環境無法忍受。

此時的我們通常感到脆弱，甚至絕望。在這樣的情況下，有誰能拿出最好的一面去面對他人？

當然，也有人不相信自己有必要去經營人脈，畢竟他們聲稱自己的工作穩當（直到事實並非如此）。

有些人想要辭去現在的工作，因為說老實話，這些人想像不到這份工作能有什麼改善，或是覺得他們無法承受工作上的變動，例如職位升不上去、被降級或降薪、通勤太麻煩，諸如此類。

有個朋友向我描述經營人脈的終身難題：「傳統上來說，一個人從小到大，被告誡不要在社交場合上談論工作、不可妄自尊大、不可推銷自己、不可見縫插針、不可利用別人的朋友。然而，身為一名成年的專業人士，必須要想辦法去整合需求以便行銷自己。這種矛盾總是讓人覺得彆扭。」

對內向人來說，這種對於跟陌生人打交道的厭惡或恐懼，程度是一般人的好幾倍。

對內向人的描述，卡爾・榮格（Karl Jung）說得最好。他說內向人需要自己的時間去重新充電，需要透過獨處來獲得能量——而外向人似乎無需休息，只要身處人群之中，透過許多人際接觸就可充電。

我們大多數人是落在兩者之間。就我自己來說，以及從知心好友那裡所聽來的經驗，比起待在喋喋不休的人群裡，我們這些偏內向的人更安於自己思考。想到得拚命加入對話，或是擠進一間鬧哄哄的房間裡，幾乎就是我們所能想像到的最爛差事。

在我回到現實世界前，我需要一段沒有排定行程的時間，好讓腦袋放空，重新恢復活力。你是否也是如此？

當我們面對巨大的工作或職涯轉換，或甚至光是看出有改變的需要，這些所有與經營人脈的負面想法，其實能刺激人們進行強大的思考。

這個美妙的結果，可能是我們會打聽到一個完美的新職缺；我們的履歷表會脫穎而出；我們在內部的朋友會幫我們牢牢掌握職缺。

這種神奇思考或許是：我們現在這裡過得好得很，未來很長一段時間內，什麼都不用做，假如真有這麼一天的話（因為太可怕了，所以不會想到去經營人脈）。就像我說的，這是魔法！

我的漫長且毫無策略之旅

不過，對我們許多人來說，在職涯和生活上的轉變，與其說是一項遠大計畫或是無縫向上的職涯發展，不如說是混合了零星的進展。

我先以我自己為例。

我在矽谷漫長而全無計畫的職涯大概無人能出其右。以今天的標準來看，我在科技業的生涯起步得晚：一九八〇年代中期，我踏入當時蓬勃發展的個人電腦雜誌世界，那時我三十五歲。

長期以來對寫作和編輯的熱愛，使我成為消費性科技的記者、公關宣傳（當得不情不願）、新創公司及創意廣告公司的編輯及專案經理。換句話說，並不是從一而終的一條路。

二〇〇〇年，矽谷經歷了巨大的經濟下滑。我在那年加入一間有十八人的新創公司，名為Violet.com，做的是早期電子商務。

經過騷動混亂的四個月後，我們熄燈關門，因為沒有第二輪融資投入。我接著去了一間在舊金山開設辦公室的老牌創意公司，結果時機不對（經濟下滑沒有帶來客戶），這家公司很快就撤退，搬回在洛杉磯的辦公室——沒有帶我一起走。

到了年底，沒有什麼工作好找，短期約聘工作也不多。沒有人在找人。接下來的十五個月左右，我在既沒什麼工作又缺存款的狀況下，勉強餬口度日。我當時找了幾個有相同處境的朋友，成立了一個非正式的支持團隊。我們每週見面一次，替彼此打氣並分享消息。我主動聯繫許多聯絡人，打聽他們是否有任何寫作方面的需求。其中一通電話是打給一位我曾經二度共事過的朋友，她前陣子才剛在一間名為谷歌的新創公司上班。我問她是否需要任何文案協助；她告訴我，她們才剛聘用了一位行銷文案，但答應我會把我記在心上。

兩個月後，她打電話給我。文案的工作量似乎越來越多，於是她問我是否願意進公司和團隊碰個面？

她強調她無法直接聘用我，其他人必須喜歡我的作品（以及我這個人）才行。我一定很符合他們的條件，因為就在第一次會面時，他們請我加入，我急切點頭答應，而且他們還說我可以在家工作。

才不到兩週，我就發現我需要常到辦公室，跟團隊好好面對面認識。我開始通勤到谷歌上班，每天來回路程七十英哩。

當我成為固定班底，每次有新任務，我都舉手攬下。我想要盡可能讓大家認為我不可或缺，因為我發現谷歌是我想要待的公司。

我個性上不是個很愛狂歡開趴的人，但我甚至在自家公寓裡為團隊舉辦雞尾酒會——而且我還沒成為這個團隊的一份子。我的目標是要變成跟辦公室裡的懶骨頭一樣令大家熟悉，這樣別人就知道我靠得住，而且適合這裡。

花了十五個月時間使所有這些力量匯集，使我一舉成為全職資深編輯（對了，這個職稱是我胡謅的）。然後我又繼續待在谷歌八年，這是一段美好又改變生命的歲月。

我說出這段歷史有兩個原因：

第一，當我真的有需要的時候，我可以在我的人脈裡找人去建立有意義的聯繫（另外值得注意的是，我那位朋友是我保持鬆散聯繫的聯絡人，我會在第三章討論這個習慣）。

第二，我在谷歌才剛找到立足點，然而真正的工作才正要開始。在組織內的人脈經營很重要，尤其是公司人數很快就從幾百人變成幾千人。我必須依靠我的軟技能——溝通、同理心、好奇心——去維持這些人的信任，不論這些人是不是技術人員，大家的年紀幾乎都比我小。

今天，我把這兩種動作視為我的自然人脈經營風格的標誌。我用「自然」一詞，因為這是本能反應。我在什麼都沒需要的時候做。造成的結果，是我與許多人成為隨興又友善的點頭之交，因為我理所當然地使用這些軟技能。

朋友偶爾會說我「跟誰都熟」，當然此話並非事實——但我的確清楚知道每個人是誰。

換句話說，我記得大家的名字和彼此的關係。我持續關心大家的工作成果和工作動向。這種做法對經營人脈來說很重要。

這表示你具備好奇心，在乎還有誰在這世上、誰有新消息、誰很有趣、誰與我已經認識的人也彼此認識。

對我來說，這種知識是內向人觀察力的關鍵部分。當我告訴大家，我認為正是因為我的內向天性，才能建立起五花八門的人脈，大家都嚇了一跳。

你已經擁有的工具

看似諷刺，但我認為我們內向人擁有使我們成功經營人脈的特質。舉個例子：我們對其他人的興趣，超越我們談論自己的需要。當我見到一個人，詢問對方：「你有什麼新消息？」或「跟我談談你自己吧！」時，我更感到自在。

這招給我足夠的時間去打量對方。

心理醫師可能會說，大家喜歡我在場，是因為我給他們表現舞臺。即使身為一個內向人，我也想要別人喜歡我（顯然對出生於一九五〇年代的女孩來說，這是預設模式），這是真的。

不論理由為何，跟別人碰面，我向來不會從自己的事情開始聊起。

另一個經營人脈的基本條件，是當一個好的觀察者——這是我們勝過聒噪同伴的明顯優勢。

我總是在想這人是誰、他們會這麼做的原因。他們的舉止為何、他們有什麼樣的過往、因何種原因激動，又或是為什麼惱怒？我總是不斷觀察。不知怎地，我都會記得我的觀察，並且在有需要時用上這層知識。

在內向人的兵器庫裡，有一個同樣重要並且很少用的東西，那就是社群媒體與數位通訊，因為這些工具可讓人用更自然的方式來聯繫他人。

善加利用線上互動，聯繫公司內外的人變得更簡單，還少了必須現場交際的恐懼。本書會告訴你，說到保持鬆散聯繫的時候，參與社群媒體服務，就算使用不多，都能給內向人一個優勢——這個基本的日常習慣，能幫助我們從螢幕後的安全距離，與人保持聯繫，獲得力量。

本書是關於如何創造並維持一輩子廣泛又真實的人脈。我會告訴你要如何建立並後續追蹤有意義的聯繫；如何向你不太認識的人請益或求助、如何獲得同等回報，甚至比你所付出的更多，以及這一切如何讓你感到更加圓滿、充實及安全——同時還能繼續保有你的本性不變。

透過本書，我會盡可能鼓勵你帶著好奇心，敞開心胸去經營人脈，當你的需求和興趣轉化，這能幫助你耕耘許多有意義的連結關係，無需經常基於義務去聯繫。當你能做得到而且不會排斥，就可以建立或茁壯自己的智囊團，從中獲得可能從未想過的點子、機會和經驗。

無論你是害羞還是謙虛，前往新城市或是轉換新的工作跑道，或甚至忙到沒時間注重這些——我都希望能提供你一個不同的方式，想想看你要如何建立並且保持終生有意義的專業及私人連結關係。

要使這份工作沒那麼吃力，甚至欣然接受，變成你的每天日常。運氣好的話，本書將幫你以忠於天性的方式，傳達你的天生本能，去建立你的人脈。

現在就讓我們開始吧！

PART 1

建立連結關係的要素

出於對未知的恐懼，我們自絕於外、切斷與別人的連結的時候，作為個人、公司、制度機構，我們便有所喪失。當我們敞開心房，我們就能獲得學習、連結和合作的新機會。

——傑夫・賈維斯（Jeff Jarvis，美國記者）

1 釋放內向者不為人知的力量

生活的祕訣，就是把自己放在適合的光線下。有些人需要百老匯的聚光燈，而有些人只需要一張被小檯燈照亮的桌子。

——蘇珊・坎恩（Susan Cain，《安靜就是力量》作者）

認為人脈需要去「開啟」，和每一個人握手、捕捉到每一個靈魂，這是我們認為外向人很擅長的事，而內向人則不盡然。但說到建立關係，內向人其實可能還比較吃香。想要簡單認識人，你不必改變你的本性，或是捏造一個感覺很假的個性。

我們先花點時間來複習一下「內向」到底是什麼意思。在一九二〇年代，瑞士的心理學家卡爾・榮格發展出他的人格類型理論，提出「每一個人似乎是透過外傾世界（extraversion）或內傾世界（introversion）而得到更多能量。」就在最近，都市字典網站（*Urban Dictionary*）根基於此一概念延伸：「不同於一般的看法，並非所有內向人都很害羞。有些人可能有精彩的社交生活，熱愛與朋友聊天，但結束後需要獨處的時間以便『充電』。」

「充電」就是重點。

如榮格的觀察，外向人通常從人群裡獲得能量——派對、遊戲、音樂會，從一個聚會再到下一個聚會。我們這些在光譜上另一端的人，則需要安靜的時間好去重新組織、思考、計畫以及想像。

我很確定，不是只有我一個人，會在心裡計算還要多久時間才能離開人群。無論我參與團體活動的時光有多美妙，我還是很期待能快點回家。

另一個內向人的特徵是「安靜時的自在能力」，這一點通常為他人誤解。

身為一個深思熟慮又會自省的青少年，我的目標是要觀察並偷聽大人交談。當我父母在家請客，我對他們的竊竊私語很感興趣，推測他們知道朋友們所遇上（沒有說出）的麻煩。當然檯面上什麼都沒說，我因此了解，比起禮貌的同伴，人類察言觀色比同伴所透露出來所得的資訊還要深刻。我開始覺得自己像是人類學家，以抽離的眼光觀察團體的外來人，從未真正加入其中。

我深信所有這些特質，似乎是內向人所擁有——感覺像外來者、觀察者，對其他人的故事和狀況好奇——告訴我如何在人生裡前進。誠如一份學術研究所述，在團體裡的沉默內向人，參與度其實可能很高，因為他們會吸收別人所說的話，仔細思考並等待機會發言。

我認為這種去觀察並且評估的能力，是我部分最棒的資產，或許也是你最佳的資產。

不論你是害羞、謙虛、不愛出鋒頭、沒安全感、或是單純討厭建立人脈，我都鼓勵各位好好發揮你的個人風格，以便建立自己的智囊團——就從你現在所在的位置開始。

我長期持有的論點是，內向人（以及其他謙遜低調的人）很適合建立強而有力的人脈，因為我們擁有某些共通的特質，例如：

‧**我們擅長聆聽**。當我與人初次認識，我會玩一個遊戲，讓對方先開口說話。比起我，他們說了更多有關自己的事。這或許聽來冷淡，卻給了我足夠的時間去打量對方、評估我信任他們的能力。假如我感覺不錯，那麼我就會敞開一些。這是一個重要戰術：先問問題。必須學著釐清，當對方跟你說話時，你想投入多少。使用你的聆聽技巧，比加入談話來得更重要。一旦聆聽，對於要說什麼、說多少，你就有所選擇。

‧**我們是敏銳的觀察者**。雖然感覺像外人或許看似活在象牙塔，但你並沒有占去全數的社交空間（我們某些外向朋友卻不然），這項特質可以讓其他人在你專心聆聽時，對你坦承以對。

我有一個觀察他人的習慣——與別人面對面時，或在地鐵上看著坐在對面的乘客，我能對他們做出什麼推論？誰看起來很神經質，誰又從容自若、憤怒，又或是很沮喪？他們為什麼如此？當我見過某個人，我通常能記住幾個有關對方的特徵，像是對方的興趣、來歷或個人風格、母校之類的，這些都有助於我與現在的他們拉近距離。這種技能有助於和某人建立關係。你能夠換位思考，令對方放鬆，也有助於建立有意義的會面。

- **我們是好奇寶寶。**你感覺自己像局外人，認定其他人都用你不拿手的方法探索生命，像是與別人建立關係、找機會、找方向。敏銳的觀察者很容易活用這些觀察。我小時候是個安靜的孩子，我總是好奇其他人如何探索世界，尤其是他們似乎融入其中，而我不覺得自己有。在成人世界裡，這算是好事一樁。你知道，其實只有極少數的人感到自己適得其所。

聆聽、觀察、好奇心旺盛，這些都是與人建立關係的利器。重點是，這當中沒有任何一項能力需要你成為全場焦點。當然，這不表示你的職涯就不成功。超過二十年來，茱蒂．韋特在紐約開設她自己的獵人頭公司，為其他公司尋找創意領導人才。

假如你認為獵人頭業務一定要非常外向才能成功，那你看看茱蒂吧！她自認是內向人。

她自認是個「溫和的說客」，都是出於必要而去與人交涉。專業上打的是持久賽，獵人頭公司及招募公司必須不斷認識新人，為了未來客戶需要，也得好好經營這些人脈。她有意把公司維持在小而美的規模，這樣才能用她的跨國人脈關係達到對目標人物的高觸及率。

茱蒂是位視覺設計師，把她的設計工具變成一種新的「人的媒介」，造就了韋特公司「成為人與對話的故事」。

她透過專屬的客製化資料庫去追蹤談話，這個資料庫遠早於LinkedIn或Salesforce這類網站就已建立，裡面儲存了她所見過上千位人士的資料。為了一個機會，在幾年後去追蹤她只見過一次的人，對她來說並不足為奇。

我一想到茱蒂，就想起有些人的工作與我說過的特質相符：具有好奇心、觀察力和聆聽力。

她形容，這種把「人」與「工作職位」配對的過程，很像是一種「策略性直覺」，一種抓住內在與外在的校準感覺，這是內向人很擅長的事。

我在這裡坦承，我有某種偏見：大多數人都有過的慾望、祕密和憂心，我認為內向人更為習慣。這讓我們更易理解他人，往好的方向發展。

對於誰是這個空缺的最佳人選，這種認知令我們的思考更圓融、更明智；誰最能對你的履歷表提出建言；誰是執行你遺囑的正確人選；哪個朋友最適合一起去欣賞最新的動作片或一塊上平價酒吧；誰是幫你發想餐車夢的最棒點子王……以及上千種事情，正是這種認知，使得你的思考更廣泛。

透過朋友推薦或是之前的經驗，你已經知道你想找哪些人。這些人對你整個職涯發展、以及這一輩子所做的許多決定。都有非常大的幫助，把這些技巧用在他們身上也很管用。

內向性與觀察的結合提供了一個絕佳的禮物：打量人的藝術。我們可以很快感覺到一個人的性格。他們是不是黏人、白目、吹牛、緊張？他們是不是令你感到平靜、好奇或心情好？

感覺到這樣的特質，表示你很清楚要問什麼問題，或是預期會從遇到的人身上獲得些什麼，而這就是你繼續建立人脈的實用技巧。

練習你的內在力量

以下有三個練習可作為暖身，使用你的能力去增長人脈。試試看！我認為你會發現努力的成果還不錯，你可以學到之後可用在其他人身上的事。

一、先問問題

下次和一個你不太熟或完全不熟的人，例如同事、朋友的朋友、一起參加會議的人……跟這些人喝咖啡時，先讓他們說說自己的故事。這也適用在電話交談。

你的開場白可以像這樣簡單：

「我等等會談談我自己的事，但我想先聽你說在某公司工作如何（或是在某領域所獲得的成績、專業或成就）。」

或是「我還在想剛剛那場會議（或講者）。那場座談你還記得哪些內容？」

尤其是如果你想要在對方的公司或產業裡找工作，接下來問問題：

「你當初怎麼進到某公司？」

「你做這份工作多久了？」

「你喜歡做這一行嗎？」

二、運用你的好奇心

好奇心是種心理技巧，不論你有沒有親自與對方會面，都可以啟用這種技巧。當你與一個你有興趣工作的公司或領域的人，有一場非正式會面（包含電話或視訊），先做好功課，以便直接切入你的主題來好好利用雙方的時間。舉例來說，一開始寒暄之後，針對你所追蹤的內容來調整你的趣味開場白：

「我想知道的是，你怎麼把貓弄出煙囪？（意指你在對方的Instagram信息流上看到的貼文；這是表示你有注意對方動向的破冰技巧）」

「早年在谷歌的工作情形如何？」（你從LinkedIn得知這點）。

「你有寫作的習慣嗎？」（你讀過對方的網站、電子報或部落格）。

三、成為敏銳的觀察者

好奇心大多屬於心理層面，觀察則比較偏外在。當你剛認識一個人，這招最適合親自見面的時候，而且很重要。

當一個敏銳的觀察者，有部分是要看你能使新的聯絡人放心多少（比起保證扎實的連結關係更常見），收集你自己對對方的感覺是方法之一。

以下是在對話中觀察對方的方法：

「你的眼鏡好炫——你有在收集嗎？」（初次見面談論服飾可能會太私人，但恭維眼鏡或鞋子則較不會冒犯到他人）。

「你覺得你的手機殼／電池／記事本／筆怎麼樣？」（對方擺在旁邊的配件可以告訴你一點對方的事）。

幾件你在觀察時可以去思考的事：

他們是不是不自在而且坐立不安，還是他們看似放鬆舒服？

他們是否就是專注在就事論事，還是他們有透露一點自己的事、偏好或怪僻？

你的觀察力在團體會議中也很有用處：

有沒有注意過有人老是反對，或者頻頻打斷別人發言？誰向來都有時間可以友善的聊幾句私事，誰又不行？

你所觀察到的東西多給了你一些了解其他人的想法，僅根據他們所展現在你面前的模樣，就可以使連結關係更加順暢。

2 為何經營人脈很重要

和全世界的人一起工作，從中獲得的好處實在太多了。

——大衛．班森（David Benson，英國戲劇演員）

如同我在前言所提，美國人很常換工作。在一生中，我們很常搬到不同地點，搬家大都出現在三十歲之後。

接著，自雇興起，某些人稱之為「微型就業」（micro employment）或「零工經濟」（gig economy），意謂為了得到更多錢、更多時間，或是兩種都想兼得，所以多做幾份工作。

作家暨企業家潘妮洛普・特朗克（Penelope Trunk）在二〇〇七年發表了一篇有先見之明的文章，該文指出，在一份工作待上三年是個很好的練習：「假如你經常換工作，當你建立了一組適應技巧以及廣大的人脈，這些都會成為你需要找工作時能順利找到的關鍵。」

我們四處搬遷和換工作的習慣變得根深蒂固，因此你會發現，與工作上的同事、過去的老闆、專業上的熟人保持聯繫，比起以往更加重要。你所打造的人脈可以有很多用途，可以檢查你正醞釀構思的想法實不實際、打開你可能從未想過的新機會大門或新的消息來源。

你的聯絡人可以包括自己的朋友，但你需要的人不只那些。你想要仰賴更豐富多樣的人，包含你以前合作過的對象、專業上的聯絡人、參加會議和工作坊的熟人、你所見過的招募人員、一大群友好的熟識，也就是在推特或Instagram上你追蹤或追蹤你的人；你的LinkedIn聯絡人，以及許多你在工作上或學校裡有過交集的人。

上述這些人都是你的「弱連結」，我在第四章會進一步說明。

適合你的變通之道

傳統上「跟人熱絡互動」的人脈建立，是去收集大量的聯絡人，以及一個多到滿出來的聯絡人資料庫，如此一來，你便能在有需求和問題時去轟炸他們。

但說實在的，沒有哪個大數字能夠掌握我們的聯絡人數量。沒有一個你非擁有不可或是斬釘截鐵的確切數字。深層經營人脈的人，會描述他們的聯絡人的品質，而非數量。

我的前同事杭特・沃克，現在是一位在舊金山的創業投資人，形容自己是一個「在廣大群體裡曝露過久，會感到有點焦躁不安」的內向人。在杭特那一行，他當然得跟很多人見面認識。在無可避免的團體環境，例如開會的場合，他可能一天得跟上百位與會的人建立關係，不過，他認為一天內盡可能跟五到十個人建立關係就算成功。

在杭特的世界，就算是那十個或十五個人，都可能幫他發掘前景看好的新公司。他稱之為「有意義的交談。」

相仿的是，獵人頭公司老闆茱蒂・韋特說她個人的成功標準，在於透過她的「學習心態和好奇心」以相似的客戶和人選，將人與機會連結起來。她總是在尋覓「啟發精彩又發自內心的談話，相對也能啟發優秀推薦」的人際連結關係。她告訴我，她從來不認為自己是在「經營人脈」。這個詞無法與她產生共鳴。她反而認為：「我就只是一個把人接在一起的連接器。」

試著建立有意義的連結關係

假如以下這三個要素你都能適應，那你應該只要花二、三十分鐘就能建立不錯的聯繫。記住，一個好的聯絡人，或是一段有意義的連結關係，並非以數字來衡量。

如「商界人脈」（BNI，Business Network International）的創辦人伊凡・明思納（Ivan Misner）說過：「假如你的人脈網是一英哩寬、一英呎深，永遠都不會成功。」以下有三個方法幫助你開始建立更深層的連結關係：

一、快速找到共同點

這可以是介紹你們的人、你們當下所參加同一場活動或是在同樣的領域。不管你們有什麼樣的共同點，無論再怎麼小，都能讓你們開啟對話。

開場白：「艾莉西亞跟我是前前同事。你是怎麼認識她的？」

二、分享故事

你們每個人輪流告訴彼此一件自己的事，有助於建立雙方關係。可以是很基本的事，像是你怎麼找到現在的工作、怎麼會住在現在所住的地方。

透露一點點個性，而不是照本宣科地自我介紹。你想要透露的內容，影響著你們的連結是否會滋長。

可能的開場白：「其實我是軍人子弟，但不知怎地，我就這樣進了房地產這行。」

三、發現未來的待辦清單

假如你在談話中，得知你們兩人都要去上一門即將開設的課程，或是你們都想經營部落格、參加一場招待會或是下個月的會議，或任何類似的活動，那麼代表你找到了志趣相投的人。假如這場談話能帶到更正式的聯繫或是近期合作那更好。開場白：「我很期待你下個月有關使用者研究的發表。假如你需要從頭到尾練習一遍，我很樂意幫忙。」

注意，杭特與茱蒂兩人都強調連結關係的**品質**。最好的方式，就是避免把每次相遇都想成是一筆交易。倘若你把聯絡人當作是私人提款機一樣經常提款，你很快就會失望，更別說超領了。

沒有人喜歡被三番兩次利用。你自己也不喜歡被人這樣對待吧？你所能建立的最佳連結關係，就是要能彼此互惠。有時你們當中有人有需求，有時則沒有，不論如何，你都得繼續投注時間和注意力。

順帶一提，你和那些連結的互惠是沒有效期的。我很多年沒有一起共事（或甚至連注意都沒有）的人偶爾會跳出來，安排一場聚會或是打電話來討論，而我也會做同樣的事。

在這個經常換工作和搬家的世界，當中有人在轉換之後失去聯絡是很稀鬆平常的事。但假如你已經建立了有意義的連結關係，也不要緊。即便是我在撰寫本書時，我還去主動聯繫已經二十年沒有共事的人。連結關係是會持續下去的。

在下一章，我會談談「鬆散連結」。長期呵護並養育你的人脈網，這是我認為經營人脈的黃金準則。

不過，在我們往下談之前，先讓我說明幾項可以達成最有收穫、也是令個人滿意的人脈網的規則——能幫到你的立即需求，長遠來看也很有助益。無論你是否需要協助，或是你正是提供協助的人，這些規則都適用。事實是，我們所有人不時都會分在這個等式的兩邊。

十一條人脈經營的無壓力組織原則

一、敞開心胸

據說勞勃・狄尼洛（Robert De Niro）和破嘴合唱團（Smash Mouth）說過這句話：「假如你不試，你永遠都不會知道。」這就是重點。

偶然的相遇或交流，無論多麼短暫，都是有趣、具啟發性，值得連結的時刻。說得更實際些，我們大家都有那種需要想出下一步的時候；釐清優先順序；搞懂工作、城市、健康、學校等等。光一個資訊來源是不夠的，所以對人保持心胸開闊有其必要。有時得到的回報，就是搞懂自己真的不想要替那間公司效力，或是不想搬家到另一個城市。但這一切都唯有在你敞開心胸去認識別人、開口詢問，爾後才會知道。

二、微不足道的小事也足以構成認識的理由

要怎麼開始建立新的連結關係？我非常推薦像是喝咖啡這種簡短之約。就算你不知道這場會面可能的價值，甚至不知道當天要談的主題是什麼，這些全都無所謂。有時見面的理由，只不過是某人對雙方說了一句：「我覺得你們兩人會一拍即合。」

在我最近的咖啡約會，有位創業人士想要找各式各樣的人一起針對他的想法腦力激盪；還有公關專業人士想從科技產業跳到客服業，也有反過來的；在被報章媒體發出解雇通知前，一位前新聞記者及早一步準備。

所有這種會面都帶來樂趣橫生的交談，兩邊的人都激發出不同點子，展開美好的連結關係。你只是不知道這樣隨意又可能沒有主題的見面會導向何方。

三、樂於助人

基於善有善報，惡有惡報的理論，而且事實上我們一生都需要仰賴其他人，你的預設值應該是「即使我不知道該怎麼做，但我還是想要助人」。

我們的工作和社交世界變得小到無法把門關上（或是冒著被人當成不肯幫忙的混蛋的風險）。當有人主動聯繫，就算是對你說：「我需要一份新工作，但我不知道我想要什麼⋯⋯」，你都可以提議跟對方聊聊。

不是每一個想法或介紹都值得投入大量時間，但就算你沒辦法幫到什麼忙或是沒什麼意願，也請禮貌以對。「抱歉，但是我沒有認識的人做國防承包，祝你好運！」這樣簡單的一句話都比沉默好。

有人請我幫忙時，我不想要他們兩手空空離開。即便是LinkedIn上面我不認識的人請我幫忙他們在推特得到驗證訊息有點煩人，而且這種事我不能做，我也會針對那個主題寄給他們推特支援的連結，並且祝他們好運。

簡單來說：別求什麼回報，而是透過舉手之勞，把愛傳出去。

四、打一場耐力賽

當然，建立有意義的連結關係本身就是場漫長競賽，因為這是一段累積的過程。一場耐力賽勢必需要耐心。

起初的介紹或會面可能不會有結果。有人跑來問我的結果也是一樣。我們會先熟悉一下彼此，然後再開始腦力激盪。

我很少會只因為一個人初步的請求就明確知道合適人選——比方說要找某個招募經理。大多時候，你的朋友或聯絡人也不會有直接連結。

找臨時性的職位，比較能引起腦力激盪，例如找誰擔任工作坊主持人、會議的主講人或座談會成員、某個議題的政策或法律專家。

很多時候，腦中的確會浮現出一些名字，也就是可能會有該方面資訊的人。這就是人脈的呈現方式：你提一個點，他們再接著提出，接著在會面之後與更多人聯繫。

在我看來，我擔任各方橋樑的工作，就是盡我所能提出各種來龍去脈和想法，盡可能找出知道更多或可能會帶來答案的相關人選。

五、別侷限在「背景」這件事上

這是我看到人們加諸在自身的最大障礙：看不見，或是不覺得某人或某事物對他們現下的需求有助益，這樣的想法是偈促且狹隘的。這些人認為「只有」招募經理或是老闆才能幫他們，而不是身邊那些可能具備特殊觀點、背景、更博學的人。別說服自己放棄你需要的幫助。這也是我做介紹時很小心的原因。假如有人在詢問想法和聯絡人時，只因為不理解箇中邏輯而婉拒我的建議，我不可能再提供協助。

六、做好推薦

你想要別人推薦你去擔任一份適合你的工作，同理，你也會希望自己的推薦是有價值的。其實這是一種讓別人知道你是優秀牽線者的方式。

當有人問你想法時，重要的是要先了解對方的背景，像是所待的產業、對方的策略和對象等，因為這些需要線索。

我三不五時找服務業的人碰面（在我的世界，常常是指設計、行銷、公關和策略公司），去聽聽看他們能提供什麼服務。也因為我習慣這麼做，所以有人向我打聽消息時便能馬上推薦對方。

在旅行時保持好奇心，得知其他人在做什麼，這些都對你有好處。如此一來，你就能在心裡建立一個有關工作、生意和生活領域的檔案館。

假如你認識的人需要辦一場搖滾演唱會風格的表演，認識一位重要的跨國活動製作人很好，但是當一個十人新創公司需要有人指點設計他們商展上的攤位，認識這種人就沒這麼重要了。

所以，同理，你的鄰居想要找的是企業銷售文案，那麼把一位自由接案的記者朋友介紹給對方也不會有快樂結局。吸收所有細節資訊，運用你的判斷去做出正確決定。

七、說到做到

這部分千萬不能忽略，而且是擁有人脈的基本關鍵：後續追蹤。假如你提供消息，就必須追蹤後續，介紹或轉發對方請求。不要耍那些找你幫忙的人！假如有人請你聊聊，而你需要另外安排時間時，不要把自己的行程塞滿，承擔忙不過來的風險；把電話面談或面對面會晤的時間排在幾週後是沒問題的。

假如你真的幫不上忙，例如沒有時間、沒有好點子，或找不到適合的聯絡人，那就誠懇直說便是。

別讓別人空等，只因為你覺得自己晚一點會回頭處理（但你大概不會）。相信我，輪到你的時候，你也會想要被直率地對待。

八、正確介紹

當你想到有兩人應該見面認識，寫信給你的個人聯絡人，問問對方介不介意引介。以下是相關步驟，以及你需要調整的變數：

首先，傳訊息給你的聯絡人，解釋你的問題或需求，請問對方是否願意與你的聯絡人談談。解釋你和那個人的認識經過、你幫忙的原因，以及詳細解釋你認為對方能幫忙的理由。

他們點頭答應了，你才可以互相介紹。得到同意後，寫信給雙方，簡短地再講一遍共同點或問題，然後在信尾署名。

專家建議：把連結者移到密件副本欄位。但假如你是牽線者，提醒其他人在之後的通信把你從收件者刪除；常常在他們安排時間時，我仍舊被包含在信件討論裡，讓我有些錯愕。

有時候聯絡人沒繼續跟進，我就會善意催促他們，看看他們是否忘了回覆。即便有時候結果還是不了了之，但被催的人通常很感激有人提醒他們。

沒得到你請求幫忙的那一方的同意，絕對不要在第一封信裡死板板地向雙方介紹自己。當我的聯絡人先問我是否可以往下進行時，對這種請求我大多立刻同意；當介紹組合從天外飛來一筆，沒有來龍去脈，我往往會被弄到快發火。

九、注意不可缺乏溝通

很多人一直告訴我，當遇到有一個未獲解答或待解決的問題時，他們不願去聯絡、追蹤或求助他人。有鑑於電子郵件的普遍性（叫我老古板好了，但這仍舊是和一大群你不熟的人的最佳聯絡方式），你傳訊息去問、澄清、追蹤或是快速得知某件事，這是最容易、最有效的辦法。

當你在找尋心頭好，或是認真要找工作時，你得比平常更健談。當你主動尋找特定工作、公司或是等待推薦，在這過程中，務必要感謝你的聯絡人，並且在開始時通知他們。有位年輕女性在找工作的時候認識我，當她後續追蹤每一位我給她的介紹，每一次都寄道謝函給我，我很高興能收到她的信。每一封內容都很簡短，（健談不表示要長舌），更新她的求職狀態，以及她是否喜歡那些會面。她是個擅長經營人脈的人，我會很高興再次幫她。

當然，假如你所認識的聯絡人能夠幫你得到你想要的東西，全力感謝對方。一位前同事同時申請兩個公司的職缺，最近找我去當她的推薦人。我很高興接到兩家公司招募人的電話，並且都大力讚美她一番。她把她考慮這兩個職位的想法告訴我，當她接受其中一家公司的應聘，送了我一份禮物——我很確定她對每一位所求助的對象都做了同樣的事。表達你的感激和欣賞向來都是個好主意。

十、建立真實世界的一對一連結關係

上述這一切事項，可能令你感覺好像要做很多工作。難道你不能在臉書發文、發條推文，或是在LinkedIn或Quora查查就搞定了？

每一個平臺當然都有找尋並且交換資訊及關係的地方，我們會在第六章進一步說明。但是，別把自己侷限在這些隨機、自我挑選的回覆，沒有一個可能像你大概會需要的一樣詳細、細膩和私密。

而且不論是私人或公開，這些平臺預設我們的懶散回覆。我們全都七嘴八舌，用三、四個詞去回覆一個張貼在群組裡的問題。只有你的個人人脈能給你同樣的品質和深度，沒有什麼比得上。但老實說，比起一對多的連接關係，一對一的連接關係，就長遠來看反而更為有益。整體來說，這是個你可以汲取想法、推薦和支持的團體。經過適度照料，這個團體一輩子都屬於你，能夠伴你經歷各種生命中的阻礙和挑戰。

十一、列清單

檢查你的清單兩遍。大約每週暫停例行公事一次，去想一想你需要回覆的答案，或是誰向你求助、誰又來詢問你的想法。

用星星符號或其他優先標記符號來組織你的電子郵件，回頭去追蹤這些你先前拖延的請求和回覆。

同理，想一想最近你想聽到誰的消息，但還沒問候對方？這就是主動聯繫，有關快速的「鬆散聯繫」的絕佳時機，我們會在下一章談到。

因為我們生活在一個充滿許多未知的世界，你從別人身上能學到的更多了。無論是職缺、醫療建議、旅遊地點、職涯轉換，或是取得任何形式的立足點，都能幫你預知問題出現。你越是經常向別人求助或幫助別人，就會出現越多資訊。我們全都會過得更好。因此，拋開你的成見，放手去試試吧！

3 維持鬆散聯繫的習慣

想一想你要怎麼接近一個可能成為朋友的人。找出你們彼此間的共同之處，輕鬆以對，說說笑話，最重要的是，表現出你在乎對方。

——蘇拉夫・戴（Sourav Dey）

對於非得經營人脈不可，有兩件事大家似乎特別討厭，一是在商言商的交易性質。《哈佛商業評論》（*Harvard Business Review*）提出一個有些諷刺（但又不失精準）的定義：「與陌生人交換利益的不愉快任務。」好像我們會因這種看似直截了當的目的而卻步。

第二，需要刻意經營人脈，你會覺得自己有這種想法很弱。主動請別人幫忙向招募經理替自己美言幾句，或是打聽一個新職缺的消息，都讓你對自己感到失望。

而且把自己交到陌生人或不怎麼熟的人手中，開口請求幫忙也備感壓力。如果又遇到一些時間壓力，好比突然丟了工作、貸款快到期，或是正遭逢家庭劇變……在這些需要表現出堅忍不摧的時刻，你很可能覺得自己很糟。這使得讓你開口求援變得難上加難。

告訴你一個小祕密：在某些時候，我們每個人都需要向不認識的人求助。也許是和工作或家人有關；可能是轉換工作跑道或搬家之類，也有可能是詢問醫療或退休規畫。

每個人幾乎都會想要聯絡許多人，取得聯絡方式、資訊、看法或支援。對於那些有同樣需求的人而言也屬實，他們也會向你伸手求助。

假如記住這一點，就能幫你克服「求援就是軟弱」的想法。假設你已經可以放軟身段去聽別人說；現在就是你為自己求助的時候了。這是整件事有效的關鍵。

在你沒有需要的時候去經營人脈

要克服為特定需求而經營人脈的恐懼，另一個關鍵，就是每天練習一點點，也就是在還沒有需要特定幫助時，就去經營人脈。

我稱之為「維持鬆散聯繫」：三不五時就出個聲，跟你的聯絡人、還有新認識的人問候一下，在非義務、無壓力的狀況下去追蹤或是親自見面（假使你這麼做了，那很好，但鬆散聯繫其實不需經常性的拜訪）。

當你習慣無所求地這麼做，你就會開始把自己看成是施予者，而不是受與者。甚至如果你還能偶爾替別人解決問題，也有助於你克服依賴他人的恐懼感。

以下是我經營人脈的原則：**在你沒有特別需要時就先經營維護**。比起過去，我們有更多管道可與我們的舊識或新知保持鬆散聯繫。

第六章會談到更多關於如何充分利用你喜歡的社交管道去分享、發表意見、詢問、開玩笑、向一群人做調查的技巧。

非同時（Asynchronicity）之美

很久以前，我的鬆散聯繫習慣仰賴一本破舊的通訊錄，封面總是貼了一張新的便利貼，上面寫著所有我每一天要打的電話。這張單子代表我要做的工作，加上幾個我一直掛念的人。

我會打這些電話（或是留言），然後在單子上劃掉已經打過的號碼。只要我沒連絡到的人，我都會寫在隔天的便利貼上。時間往前快轉到二十一世紀。如今，我最少做的鬆散聯繫方式就是拿起話筒。

行動電話上的非語音使用方式——簡訊、搜尋、電子郵件——將近在十年前，也就是在二〇一〇年，就已超越語音電話。

除了電話外，行動電話的爆炸性成長，我們也習慣於這些「非即時性必要」的服務——意味著我們隨時可做想做的事，而不用限定在特定的時間內。

換句話說，我們已經不再需要打電話給零售商去下訂單或詢問送貨事宜。我們不必等商店開門，或是到處跑來跑去找我們想要的特定商品的容量、顏色和尺寸。

我們再也不用六點準時收看新聞。

無論這樣是好是壞，電視的畫面總是不斷來到我們眼前。我們變得特別習慣科技造就的延時性去工作、購物、社交、合作。

通訊也變得有延時性。傳簡訊、搜尋、直接私訊，甚至是傳統可靠的電子郵件，全都是非同時性——沒有一個需要立即聯繫。

這些都是和他人聯絡或取得答案的便捷方式。你不必擔心會打擾別人，因為他們可以等有空時再回覆。非同時性也很適合內向人，因為內向人可能會因為即時交談的立即性而害羞。你可以慢慢斟酌字句、構思訊息，因為你不用當場做出完美回應。

媒體策略顧問大衛・班森（David Benson）在一篇具前瞻性的文章〈非同步溝通的力量〉（*The Power of Asynchronous Communication*）提到，當我們放開即時性溝通方式，轉而支持電子郵件或是其他「該看到就會看到」的傳訊方式，我們便能與朋友和熟識維持友誼和基本關係。

論施與受

這可能是與其他人連結的關鍵：當我們沒有需要時去給予，以及有需要時去接取。經營人脈需要施與受，這兩項工作也都需要你所投入的理解。路易士・海德（Lewis Hyde）在他的著作《禮物》（*Gift*）一書裡，以精闢的見解談他所謂的「禮物經濟」（gift economy）以及互惠的價值。他寫道，與其把我們自己限制在以禮還禮的交換之下，最好是秉持「經常捐贈才能延長禮物的壽命」的理念來行動。

給予的藝術

我建議，經營人脈的習慣要建立在你能給予他人的事物上。二十年前，我並沒有打算要累積大量人脈，或是還一堆人情債。

我當時強烈渴望兩件事：一是要與人建立有意義的連結，因為大家讓我感到，我在世界上並非孤軍奮戰；二是在別人需要建議或答案的時候，與他們分享我的人脈關係。

說穿了，我不喜歡任何人兩手空空離開，我想要做個有用處的人。我並非總是知道正確的資訊，更別說是完美的解決方案，但我有信心，堅信在我們之中一定會出現好的答案。

我想要透過人脈來提高解決這些問題的可能。大家一起思考接下來要採取的做法、接下來要找的人，我喜歡大家這樣互相解決難題。

當有人跟我說他沒時間去連繫他人，提供幫助，我心裡總是想：「占用一點時間而已，是要你付出多大代價？」

有時聽到別人的故事也是一種回報，還可以彼此建立美好的關係，而非不相聞問。

對此所帶來的意外驚喜，搞不好會跟其他事物一樣寶貴。西雅圖的企業家茱莉・施洛瑟是一位「人脈大師」，你還會在本章後面聽到更多有關她的故事。

她說，建立以及分享人脈是「一種像是捐錢的行為。帶給你無法解釋的快樂……像是一種宗教規範，十誡那類的。」我也有同感。

我並不想建議你放下手邊的一切跑去跟陌生人會面。我們每個人都有自己的義務要盡，有各種追著我們跑的事情待處理。

當我同意與某個不認識的人見面，通常是對方想找工作，想到我能替他引薦，而我有時間就會去幫忙，不過也很可能是幾星期後的事了。

當然，利用電子郵件聯繫是較簡單快速的方式，因為你只要在方便時著手進行。在我幫兩個人牽線前，我都會先寫封電子郵件打聲招呼，然後等候回覆。

假如用奉獻他人的心態來看待人脈這件事，就會減少自己有求於人的尷尬。

你會需要新的想法、他人的引介和指點，大家也都是如此。

在那之前，你會有很多機會去傾聽他人、參與腦力激盪、幫人牽線，而這些都是你可以給予他人的禮物。

就像我總是發現自己在提醒大家，不論你從事什麼工作，你都具備有益於他人的知識。或許路易士・海德在《禮物》一書的開場白說得最好：「回報是最美妙的。」

你能做的施與受行動

施

- 明確仔細讚美，不是只有按讚或是給愛心符號。
- 發出LinkedIn推薦。
- 提議幫忙校閱發表內容或是文章。

受

- 大方接受稱讚（不要謙虛否認）。
- 對方給你支援的時候就接受。
- 接受你能從中有所學習的有意義反饋。

領受的藝術

在我們需要建議或介紹的時候，我們通常希望透過一個接觸管道就能解決我們的問題。我很確定不是只有我一個人希望我最愛的搜尋引擎能帶來正確答案：「好了，谷歌，哪個是我的完美工作？哪個領域最適合我？我該住哪裡？念哪間學校最好，或是取得哪個學位最好？」

假如我們能夠就這樣用問的來比對所得到的第一項結果，並且加以應用、加入、付一筆保證金來到達我們想要的境界，豈不是美事一樁？但是只有少數狀況下才能讓答案這麼簡單地來到我們手上。

長期以隨緣的態度來看看是否有驚喜出現，這是個很棒的特質。但我是實事求事的人，可能你也是，我們都了解，自己得一直做好去開口問、去接受答案，並且給予的準備。

音樂人阿曼達・帕爾默（Amanda Palmer）在她的著作《請求的藝術》（*The Art of Asking*）探究「受」的這個想法。她說自己有很長一段時間是街頭藝人，為了有能力進錄音室錄音而攢下每一分每一毫的錢。最後，她發起非常成功的Kickstarter募資計畫，來為她的作品籌措資金。

然後，帕爾默明瞭，「我們自認不值得別人幫忙的念頭，經常使我們自己動彈不得。不論是在藝術、工作或是人際關係上，我們常常抗拒請求，不全然是害怕遭拒，同時也因為我們甚至不認為自己值得開口要求那些東西。」

假如你心想：「好吧，但我沒沒無聞。這又怎麼套用在我身上？」我不是在說每個人都要發起線上募資運動。重點在於帕爾默克服內心對於請求別人支持她的作品的顧慮。

當她的歌迷有所給予，她也能夠欣然接受這些事物。這就是帕爾默意識到施與受之間流動的關鍵，我相信你也能從這種流動中獲益。人們喜歡收到他人的求助，也會願意幫助你，就如同你也會想幫助他人，是一樣的道理。

對於任何事——就算你的介紹不成功，或是你所得到的指導沒有切中重點——都抱持開放態度，這聽來或許有點太超脫世俗。但很重要的是，要能夠把眼光放遠，不要執著於當下得到的結果，也不要對於不斷嘗試感到自責。繼續嘗試下去吧。

長期抗戰

培植鬆散聯繫的聯絡人時，要記得，人脈網並不會馬上出現。跟聯絡人碰面、增加認識人數是自然而然且緩慢的過程。

人脈需要穩定的維護。你可以看到，發幾封訊息、打招呼、轉寄故事和笑話等等，有助於形成日常聯繫的習慣。

以下是一個我自己多年前的長期抗戰小故事。數年前，我認識一位在初創公司的年輕公關職員，就稱她為珍妮吧。這位年輕女子的老闆是我以前在谷歌的同事，帶了她來見我，與我聊聊如何經營公司的網頁。

珍妮跟我後來都換了工作，偶爾交換友善的推特訊息或筆記，我們在後來幾年維持著非常鬆散的聯繫。自從第一次的見面後，我們再也沒有面對面接觸過。

時間快轉至今。如今，珍妮是一家創投公司的合夥人。去年她介紹她公司旗下的一間公司給我，希望我能在內容策略上協助他們。

我滿懷感激地接下他們的案子。我告訴珍妮，我想請她喝一杯或吃頓飯，感謝她的引薦。但是，即便我們真的沒機會坐下來吃頓飯，我們的鬆散聯繫依舊強韌。

試試看：在你的每日行程裡建立鬆散連結

每天花十分鐘去建立鬆散連結的習慣，有助於讓你和許許多多的人保持聯繫。即使沒有立即出現什麼結果，但是只要花一點點力氣，就可能得到豐厚的回報，並且讓你心情美麗。無論你是施予者，或是有求於人的接受者，都會因此萌生滿足感。

・晨間的暖身動作

每天早上去檢查電子郵件和新聞訂閱是我開始工作前的儀式。當我掃讀標題，看到一兩則我覺得某個好一陣子沒聯絡的人會有興趣的消息，我會分享給對方，並附上簡短訊息：「看到這個，讓我想到你。你有什麼看法？你近來可好？」

・寫一張流動的待辦清單

保持鬆散聯繫的一部分，就是後續追蹤你有過的碰面。在結束談話或會面之後，想想看你想要傳遞下去的事物，以及你想主動聯繫的人。把這些人加到你的清單上，得到完成任務之後就劃掉的滿足感。

・以感恩的心來為一天畫下句點

發出幾封表達掛念的短訊給想要見面的人，甚至與剛認識人展開新的交談。這是一個種下聯繫種子的好方法，可能隔天就會收到回覆了。

互惠

再說一個鬆散聯繫管用的例子：

最近，一位前同事介紹我認識一位女子蜜雪兒，她在尋覓勞資關係的新職位。她在目前的工作已經做了好幾年，結果，她說她已經放掉她的人脈，沒有與其他人維持鬆散聯繫，她發現這是個問題。

我把我在她的領域裡的熟人介紹給她，並祝她好運。她也持續以簡短信息通知我最新進展。當我看到有關勞資方面的消息報導，我也會轉寄給她，並附上簡短信息：「這讓我想到妳，希望妳一切安好。」

就這樣。我們不需要再見一次面。她知道我想著她，顯然我也在她心上。當她在追求新機會、擴展想法時，同時也在建立自己的人脈網，她一直有在認識新人。希望她不會讓這一切漸漸消失！

再說一個有關互惠的故事。幾年前，有個叫做伊恩・桑德斯的英國人在推特上問了我一個問題。我回答了，當然我也看他在推特上的個人檔案。

我喜歡他的自介上寫著「創意顧問、說書人、作者。咖啡、好奇心與散步，供給著生活所需的燃料」，所以我也去追蹤他。

伊恩住在倫敦附近，幫忙激發當地一帶的組織和團隊發揮所長。當我後來計畫前往倫敦一趟，我提議不妨見個面。

之後我們有碰到面，甚至還見了第二次，並且維持偶爾的鬆散聯繫。面對面的時候，我們有時間談論我們提供諮詢的方式，以及我們和團體合作時的方式。我把他介紹給一些記者和顧問，他後來也與他們發展關係；他啟發我去思考與客戶合作的新看法。我們透過推特訊息傳遞趣聞，彼此都認為對方是個友善又有用的聯絡人，甚至視彼此為朋友。

鬆散聯繫最有效的族群

鬆散聯繫對於維持現有的聯絡人特別有效。這是我與幾十個人保持聯絡的方式，許多人是我的前同事（還記得我之前提過跳槽嗎？），我會分享在推特上看到的趣聞，或是其他彼此有共同興趣的消息。

我所謂的「分享」，是指傳送簡短問候以及某篇有趣文章或是好玩影片的連結。還記得我之前說過，如今人際聯繫的方式更甚以往嗎？假如你是LinkedIn常客，你可以透過私人訊息與你的聯絡人保持鬆散聯繫。在推特或臉書上傳訊也是一樣，或是在社交網站上傳私訊也一樣。就看你喜歡用的服務，以及你的聯絡人使用哪種服務而定。我們會在第六章更進一步探討這些服務。

我也衷心相信以共同興趣來連結是鬆散聯繫的重要基石，即便是對專業上的聯絡人亦是如此。

舉例來說，我的朋友艾芮卡是位愛狗人士，也熱衷推動良好顧客經驗。我們常互寄搞笑的狗狗動畫檔，或是一起在網路上為了最新的企業處理客訴不當的行徑而大笑。有時我們透過推特訊息來互動，也在網站上的私人群組裡同歡。偶爾穿插我們與狗有關、或各種其他事情的短暫訊息，我們之中有人會傳遞工作坊邀請或顧問工作的消息。以上這些就是我所說的保持鬆散聯繫。

很類似的是，我和從前在谷歌服務的一大票朋友保持網路聯繫，有許多人已經換到其他公司服務。我們共享許多前同事所喜歡的同事關係，因此，就會互傳有關我們的前老闆，或是競爭對手的好笑或奇特消息。有時候，我可能寄出新聞連結，只附上聳肩符號、收到一個👌（「好的」）的回覆。

我們剛剛才有了鬆散聯繫的時刻。可以引導至開啟對話，或是之後才會對談。雖然這種訊息交換是虛擬的，效果就跟偶爾在住家附近的酒吧聚會大同小異。二十五年前，社會學家雷・歐登博格（Ray Oldenburg）主張，除了住家和工作佔據人類活動並培育社群，還要加上「第三場所」。

如今除了當地的咖啡吧，許多人（包含我在內）會把線上空間也算進去，當作是一種第三場所。

商業教授大衛・博柯斯（David Burkus）的著作《朋友的朋友》（*Friend of a Friend*）聚焦在這種想法，認為你已經認識的人，尤其是弱連結，是最適合幫助你的人。他觀察到：「當我們在事業上受挫……我們傾向只告訴親近的朋友，而他們可能也不可能幫不上忙……我們反而應該要去找自己的弱連結和靜止（dormant）連結，把我們的遭遇告訴他們，看看有什麼機會。甚至更好的是，我們應該開始定期練習重新與我們的弱連結和靜止連結往來。」

維持鬆散聯繫就是這麼一回事。

世界其實很小

非同時通訊最棒的結果之一，尤其是在這個永不關機的世界裡，我們個人的聯絡人可以遍布世界各地。

你可能已經有在世界上其他地方的朋友。我們有越來越多人也在跨時區，甚至是橫跨不同大陸，與顧客、客戶和同事有公事往來。對你來說，上述每一種人都代表你擴展人脈網的機會，你只需要帶著好奇心並敞開心胸，多做些例行聯絡之外的事就行了。

使用視訊聊天工具，例如Zoom、Skype或Google Hangouts（這些全都自動將面談時間設定在你的時區），或是用WhatsApp來談話及發訊息，去跨越許多時區來聯繫或保持聯絡，從來沒有像現在一樣那麼簡單或無縫接軌。

對我們來說，有一個在單一地點的雇主、穿戴打扮好去上班、在路上通勤，或是被分配到一個固定座位似乎很古怪（而且更沒人想要），並非很久遠以前的事。隨著世界越來越小，你的鬆散連結人脈會增值。

界線也很重要

一旦建立人脈，好消息是與很多人保持聯繫變得簡單多了。缺點可能是可有可無的邀約、問題將會暴增。

畢竟，維持鬆散聯繫的全部重點，在於做這些事不會造成負擔。

你到頭來越是攬上更多義務，就越沒機會保持隨性和跟上聯繫。假如你在發出一個簡單的「你好嗎？」訊息之後，人家回你時，順便邀你在下週四下午兩點與一位不怎麼熟的人見面，而且目的也不明確的話，你絕對有權去延期。

你可以拖延一陣子，直到你真的想要見面認識，你也可以拖上一輩子，尤其是當你覺得自己沒能力幫上什麼忙的時候。有點頭之交主動聯繫我，說他很想進入谷歌工作，要找我見面喝咖啡，聊聊公司的事。

儘管我很希望能幫上忙，但在我離職之後，又有三萬人進入這家公司，我的資訊沒這麼當前，所以我寧可不要答應碰面。於是我設下界限：我會寄出一封電子郵件，裡頭寫著一兩段我的大致印象，或許附上一篇最近的相關文章，以「祝你好運」作結，這是我的真心誠意。

在這個聯絡人不斷增長的人脈圈裡，尊重彼此關係的熟稔度、時間和性質的界線真的很重要。

現在，建議你要保持界線的同時，我想再次重申，基於敞開心胸的精神，假如你的好奇心被一個隨機連結而來的請求給挑起，可以考慮常常以「好」，或至少是「有何不可？」來回答。有些沒有明確行程目標的普通會面，將會帶來甜美的果實。

你在我心上

我一直在談快速簡單的交流價值。這些效應很簡單：每一次都能使你進入某人的意識裡幾分鐘，反之亦然。這些時刻算是一種結締組織（「我們有這個共同點」），一個你們持續維繫的關係的註記。

我應該要註明，創造鬆散聯繫習慣的動力，與策略銷售人員長年累月所做的沒有什麼太大不同：備忘錄。銷售人員和商業開發專家經常製作「備忘錄」，提醒他們與客戶或潛在客戶再次聯繫。我認識的業務高手用備忘錄去記錄客戶的興趣，並且表示仍將客戶惦記在心上。

鬆散聯繫就像備忘錄，並不限於銷售目標，也不需要一個明確結果。備忘錄與鬆散聯繫時刻的用意是要灌輸持續的興趣，並且捕捉到任何可能出現的機會，只因為那位聯絡人。

透過一位共同朋友，我前陣子見了茱莉・施洛瑟一面，我在本章前半部談過她。就像現在的例常習慣，茱莉跟我先是透過電子郵件打招呼，然後我們再進一步安排電話訪談。

茱莉以前當過記者，現在是一位企業家，做的是以社會公益為主的線上生意——也就是說，她的產品銷售部分收入用在支援有意義的非營利目的。我們共同的朋友把我們串在一起，因為她注意到我們兩個習慣性的連結者，都與許多人維持鬆散聯繫。我們也很快發現，我們兩個人的確都有不時去找自己的人才資料庫求教的習慣。

茱莉相信，她之所以能夠輕鬆地聯繫，是因為她最有效的人脈之一，是一群多年前她在美國時代公司（Time Inc.）一起共事過的女性，她當時在那裡做了一份她認為「真正的」新聞記者工作。

回顧過往，她說：「那裡的同事環境真的很棒，不像其他媒體機構一樣競爭激烈。我們大家都彼此幫忙，從一開始就是集體合作。雖然我們不是一直有聯繫，但我還是很依賴她們。當我自問要如何應付下一個生意上的挑戰，我可以打電話或發電子郵件給十二個女人，問她們：『妳喜歡這個想法嗎？我該怎麼繼續往下做？』通常我期待的是回覆，但她們常介紹我去認識其他或許可以幫我達成目標的朋友或聯絡人。而且其他人有問題需要解決的時候，大家也都會做一樣的事。」

茱莉在描述她的文章時，觸及了維持鬆散聯繫的主要宗旨：根據定義，你應該偶爾聯繫，而非緊迫盯人。鬆散聯繫有一種對大家都管用的天然特質。

當我問茱莉，是什麼原因使她多年不但沒和大家失聯，而且還能保持熱度，她說：「這回到當好人、當好鄰居的基本條件。你應該持續留意你的朋友、前同事和鄰居。假如你是友善的人，那就隨時準備好去幫助他們，那麼以後要接受幫忙或請人幫忙都很簡單了。」

現在回想一下你保持鬆散聯繫的對象。我打賭有些人是你生命裡的固定班底，有些則是你的「弱連結」，也就是你沒那麼熟的人。

在下一章裡，我們將會發現，這些人其實也有很重要的價值。

4 弱連結的價值

弱連結，正是現今的組織工作的未來，以及使員工去建立連結的關鍵之一。

——雅各・摩根（Jacob Morgan，作家兼講師）

「弱連結」指的是你頂多稍微認識的人，或許是曾經短暫共事過，也可能是透過朋友認識。這個概念是由史丹佛大學教授馬克・格蘭諾維特（Mark Granovetter）所提出。他在一九七三年所發表的研究論文〈弱連結的力量〉（*The Strength of Weak Ties*）被廣為引用，論文中他更進一步提到這個概念在特定領域裡，比較沒有直接、明顯、穩定關係的人，相較於有強連結關係的人，找工作時，這些人其實是更好的資源。

當中有個重要的發現，這概念很簡單：「與我們連結微弱的人，更可能在跟我們不同的圈子裡活動，因此有管道取得我們所得不到的資訊。」

這是真的。我們不知道誰擁有我們可能需要的資訊。假如我們能踏出自己平常的社交圈去主動聯繫，我們的機會就會增加，因為其他人會有更多、更不一樣，而且是我們一無所知的資訊。格蘭諾維特在該篇論文裡抓住了弱連結的諷刺事實，以及弱連結應該是你人脈重要一環的原因：「人們從已經忘記的人身上收到重要的資訊，這點很驚人。」

正是如此。我們不熟悉的人可能會替我們解謎。好比某個與你曾經同公司卻沒共事過的人。

烤肉派對上的鄰居友人、某個與你一起參加大會座談的人、你母親看護的女兒……以上任何一人都是弱連結。某人本身的知識、人脈或想法替你打開一扇新的門，或是說服你去考慮一個通常絕對不會想到的角色。

順帶一提，「弱連結」絕對不是一個批判的詞。你有弱連結，你自己本身也是別人的弱連結。

我要講的重點是，遠離你日常動線的人，對你的努力至關重要。當你有問題主動探詢、需要別人看法、尋求引薦或建議，或是想要一點專業的同行情誼，你的弱連結就是你需要納入人際網的人。

柳暗花明又一村

我來說個有關弱連結的故事。住在洛杉磯的艾絲特．藍道，是一位經驗老道的非營利事業發展主任。

她在替一個國際藝術教育課程單位擔任募款工作將近十年後，開始找尋新職位。她照平常的方法去應徵所有能找到的合適職缺——投履歷表、寫求職信、接受面試。她向LinkedIn的聯絡人打聽，也與她有興趣的組織裡的人安排非正式面談。儘管艾絲特的資歷無懈可擊，但找了幾個月之後，她還是找不到合適的職位。

同時，艾絲特生活的另一面，經常光顧一間在地的民族舞俱樂部——彼此背景迥異並喜歡學習世界各地不同舞蹈的人，每週一次，在這間俱樂部聚會。

某天晚上的休息時間，艾絲特向一位舞伴提到她找工作的事，對方告訴她一個在她所工作的社福非營利單位的空缺。艾絲特從未在社福單位工作過，但是組織宗旨聽起來很有意思。這是一個副主任的職缺，儘管薪水比她現在的薪水少了些，她還是決定要申請看看。經過幾次面試，艾絲特得到一個職位更高的工作。結果，她的個性和技術能力非常適合該組織及其經營理念。

假如你覺得這個故事聽起來似曾相識，那是因為這種事常常發生。這就是工作上柳暗花明又一村的情形：偶然巧遇、不經意的遇見、喝酒時說的故事、你匆促間在網路上發表的貼文——這些都有可能帶來好的結果。

弱連結可能是你的點頭之交，來自過去的經歷，甚至可能是陌生人。瑪吉特・溫瑪荷絲是知名創投公司安德森・霍羅維茲公司（Andreessen A Horowitz）的知名合夥人，記者潔西・漢貝在人物側寫時，鉅細靡遺描述瑪吉特對於和她不認識的人會面並提供幫助，抱持開放心態。

有個例子是，瑪吉特被人引薦一位科技公司主管，對方請她幫忙去處理一則即將爆出的可能負面消息。「對方不是她公司的人，甚至也與他們公司的合作對象毫無關聯。」漢貝寫道。

「但此人將來可能會很重要。也許蘋果電腦會收購他的公司，那麼他就有了在蘋果的朋友。也許他將來會自行創業，到安德森這裡尋求資金。瑪吉特稱這樣的人是『人脈網外的節點』，並把這些視為延伸觸角的策略性關係。」

你可能認為她決定在這位仁兄身上花時間，這是一種有目的性的精心算計，或許那是真的。然而，瑪吉特知道她的努力可能徒然無功，這也是真的。關鍵在於她沒有在幫助他的這件事上設條件。她不過是順手幫了他一把罷了。

遠離狹隘的看法

我有時候會想幫助那些渴望獲得新消息以便能找到新工作的人，但是他們對於自己能接受的點太過堅持。我可以理解這種執著，尤其是當找工作的人約聘快到期，或是擔心機會稍縱即逝。需要就業指導的人在找個快速解決的辦法——一個無縫接軌、轉換到夢幻公司的完美工作。他們覺得弱連結就像路上的減速丘，不想因此遭到耽誤。但說真的，弱連結可能反而是正確的加速器。

有個朋友，就稱他為榮恩吧，他是一位經驗老到的企業律師，急著想採取下一步，當上總顧問的位子。但是榮恩為他的夢想設下許多條件。他對於未來效力的公司上有這些要求：公司成立不到五年，但已經開始賺錢；規模足以進行國際交易；員工起碼要有上百位，公司正穩定朝股票上市邁進。對了，還有公司到他家的距離要在十英哩內。

這張願望清單很讚吧？可惜的是，對榮恩來說，這些要求加起來，幾近不可能找到，即便矽谷的新創公司多到不行。然而事實上，能夠符合上述所有條件的公司非常少。

我說要幫榮恩介紹一位也具有法律背景的朋友給他認識，對方是位營運長，我知道他們若能談一談，可以為榮恩的選擇激發新的想法。但是他很快就否決我的建議。他專注在當他那種神話般的新創公司總顧問。跟一位目前不在完全相同職位、或是已經在那種夢幻公司裡任職的人談話。

他看不見其中的價值。我曉得那位營運長人脈非常廣大，認識許多公司和主管，那些都是榮恩可以認識一下的人。那些人見了榮恩，可能會加快他們找尋一位總顧問的速度。誰知道那樣的對談會有什麼發展？

榮恩不行，他不要這種會面，因為他把自己限制在他已經知道，或是以為自己知道的事。你猜怎麼著？他到現在還在找工作。我討厭這種事，而且這種事大可不必發生。

我說這個故事給你聽，是要鼓勵你，當你為自己盤算機會和方向的時候，要敞開心胸。別跟榮恩一樣，而且不要否決任何可能有消息的會面。在大多數跟職涯發展有關的事情上，你已經認識的人，尤其是你的親密好友，不可能是你的最佳資源。

雖然他們可以，並且也應該會替你加油，但唯有弱連結——比較遙遠、非常偶爾、毫不明顯的對象——才有可能提供你突破性的消息。

所以我鼓勵大家，對於你認為不能對求職有重大幫助的會面、談話以及引薦要敞開心胸。更遙遠的連結所能帶來的影響令我大吃一驚。找我去推特上班的人，是一位我會歸在弱連結的點頭之交。我們彼此有位共同朋友，而那位朋友我一年見不到一次。

在我進了推特之後，就某方面來說，我推薦五位我自己的弱連結來提供回饋。他們全是我最近認識或稍微有點認識的人。每一位最後都獲得錄取。我希望他們也能藉由推薦自己的弱連結來將這份恩惠傳遞下去。

你的個人生態系統

我在矽谷的形塑時期學到了人脈與弱連結的價值，並且經過多年的實證。歷史學者萊斯莉・柏琳（Leslie Berlin）在她的著作《矽谷攪局者》（*Troublemakers: Silicon Valley's Coming of Age*）一書裡捕捉到我的經驗，她寫到某些矽谷的全球知名公司「仰賴人際關係與合作，大大超越了公司、產業以及世代」。

我會再加上一句，任何一種人脈，部分是由你不怎麼認識的人所組成，但這些人經過時間淬鍊，成為你的生態系統的一份子，就跟你成為他們的生態系統一樣。

不過，重點是：你不需要待在矽谷去建立新的聯絡人，這會包含許多弱連結。三十年前，那個地方可能充滿人脈和工作流動，但今非昔比了。

如今的美國工作現況普遍有這些特徵：一項二〇一五年的研究，調查LinkedIn的會員如何找到新工作，資料顯示，除了高科技項目（軟體、硬體、無限、遊戲）、政治組織、管理顧問、電影業、財務，在其他行業之中，更會大量雇用透過員工人脈所找來的人——也就是你所認識或別人認識的人——而不單純是隨便來的應徵者。

該研究指出：「無論你是在一家成長中的新創公司或是歷史悠久的企業謀求機會，人脈會有所不同……無論公司規模大小，來自員工人脈的僱用率差不多是相同的。」

沿路收集人脈

在一九八五年，我在舊金山仍然算人生地不熟，我在一個相當新的產業接了一份工作，去之前，我根本沒想過我會做電腦雜誌。當時的電腦雜誌可說是一夜之間如雨後春筍紛紛出現，服務迅速成長的個人電腦。

我馬上開始認識一群群的人，他們成為我的弱連結或強連結，全都是我的人脈成長中的一部分。特別有三個因素助長新興的科技產業，在今天，同樣的因素影響更廣大的工作世界：

・工作變換頻繁

在個人電腦令人陶醉的草創初期，我第一次注意到我這年紀的人換工作，甚至改變事業跑道，次數頻繁，遠遠超過我的預期。

我的父母出生於經濟大蕭條時代，他們所認為的成功是一份穩定而長期的工作，有保險、兩週給薪假以及加薪。尤其我媽有一份非常穩定的職業：她在一個組織工作了三十五年，有份不錯的退休金。我的父母想要教會我穩定的重要性——但在我的世界裡，到處搬遷、沒有罰款，經常有相關的成功案例。

埃森哲（Accenture）諮詢顧問公司在二〇一三年公布一項報告，關於在矽谷科技產業換工作的頻率，報告顯示，雖然對雇主的忠誠度，就全國標準來說依舊很高，但對同事的忠誠度甚至更高：「他們所效力的公司的名稱，就某層面來說，只是額外參考，是大家願意從一間公司隨即跳槽到另一間公司的原因之一而已……矽谷人的行為更像是獨立包商，從一個工作到下一個工作。結果就成了一個高度流動人才資料庫。」

・人才到處流動但保持聯絡

當你隨著新公司的狀況變動（被併購、賣掉或是結業），就會帶來擴充既存人脈的機會。

事實上，人脈某程度被視為是一種「錢脈」：對方的人脈廣大嗎？有沒有很好的聯絡人？在科技生態系統裡，要跟上對手公司所認識的人，去了解這些是標準程序。留意企業舉動；招募你認識的人，或是被別人招募；去幫助你喜歡的人，不管你的意願有多微弱，還是要有所行動。

這一切全透過你的人脈發生。埃森哲公司的研究也提到：「培養並參與同儕網路，也對矽谷的企業氛圍有貢獻……比起其他地方更多，與內部同事以及（矽谷）組織外的人建立人脈對他們的成功很重要。許多人找新工作時，仰賴的是他們的人脈而非獵人頭公司，這點令人毫不意外。」

・重組更新你的技巧，這種需求是經常性的

一九六五年，英特爾公司的共同創辦人高登・摩爾（Gordon Moore）對於電腦速度和容量成長之外有個技術上的見解，後來成為大家所知的摩爾定律（Moore's Law）。科技記者暨作者約翰・馬可夫觀察摩爾定律，表示「沒有一樣東西能保持一模一樣超過一分鐘；沒有任何技術不被後起之秀推翻；假如你不是用大家現在所說的『網路時間』，你就落伍了。」

當然，自從摩爾定律生效以來的這些年，科技發展永不停歇的步調影響了每種產業；沒有人可以只仰賴過去的人際關係和專業。適應並且快速學會新技巧，重要性變得更勝以往。

因此，比起從前，你更需要去認識更多新人、向更多背景更多元的人討教。

試著發掘你的弱連結

假如你還是需要我說服你弱連結的重要性，以下這張清單列出我自己的弱連結。當然，你的清單會很不一樣；理想狀態下，廣度應該很相似。我的弱連結包含但不限於以下類型的人：

- 我所聘用的人、我沒有聘用的人。
- 我所管理的人，以及我以前的老闆。
- 我經由共同朋友所認識的人。
- 與會者。
- 意氣相投的文字工作者、作家、編輯（也就是與我有同樣專業興趣的人）。
- 早期網路時代的夥伴（老一輩的人有特殊情誼）。
- 我透過Twitter或LinkedIn所認識的人。
- 大學朋友、在LinkedIn上找到我的年紀更小的校友。

- 大量的歷屆前同事。
- 我所尊重的記者。
- 之前諮詢的客戶。
- 愛狗人士（救助人員、遛狗員、訓練師）。
- 一同在非營利機構工作的志工。。

我希望你不要認為聯絡人只不過是一大堆亂七八糟的名字。並非如此。我們總是會主動聯繫、培養關係，或是和一些關係變得膠著，這反映出我們到底如何經營自己的生活。

去滋養一些你已經認識、從前認識或是想要認識的人脈，穩定供應弱連結給自己。這樣你永遠不怕找不到人。

PART 2

你的線上工具箱

人既想要、也需要連結關係，網路就是一部終極的連結機器。

——丹尼爾．魏茲納（Daniel Weitzner，MIT互聯網政策研究計畫的負責人）

5 混合私人與專業

我們應當視自己為一個完完整整的人，而非一個分裂成數百萬片小碎片，而且碎片之間必須保持隔離的人。

——蕾貝佳．傅瑞瑟．斯爾（Rebecca Fraser-Thill，心理學教授）

很久很久以前，大家在自己的個人簡歷或詳細的履歷表上，偶爾會加上一兩行提及個人嗜好和興趣的描述，這麼做是為了暗示招募經理，自己除了在辦公室之外，有著怎樣的個人生活。這種作法原本是要讓那些可能之後會一起共事的人更加了解你。

如今，比起你的教育程度和就業史，有許多更能了解當事人的方式；招募人員理所當然地查證求職者的社群媒體帳號——不只LinkedIn，還有其他很容易被發現，而且很可能你有在使用的服務，像是Instagram、Tumblr、推特或臉書。

如柯瑞・弗南德茲（Cory Fernandez）在〈快速公司〉（*Fast Company*）一文中所承認，「在工作與個人生活間取得平衡是相當棘手的，尤其是你除了展現本身的專業能力以外，還得使用社群媒體去分享搞笑梗圖、與朋友敘舊。」

對，是很棘手沒錯，但我認為，該是我們把「公歸公，私歸私」的想法給拋到一旁的時候了。而且，招募人員和招募主管會想要了解你，是想知道能否和你一起合作愉快，為既有的團隊增色。

基於多年來面試眾多求職者的經驗，我能夠理解這種想法。「文化契合度」（culture fit）已經簡化成「雇用更多像我們一樣的人」，然而團隊合作的精神不應等同於文化契合度。

這種作法顯然會扼殺多元性。只有少數人才會想要跟整天工作的機器人一起共事。我們喜歡跟容易表達並分享自身熱情和興趣的人一起工作。而且假如他們跟我們不一樣，絕對會更有意思！

寫到這裡，我可以感覺到某些讀者一定會發火：「我的個人興趣不關你的事！

我討厭這種毫無保留的文化！我很注重隱私！」

大家先忍耐一下，我來告訴各位我從現職企業人資聽來的好消息。蘿絲瑪麗．方托奇是一位目前在安全軟體公司任職的人資主任（她說自己是個內向人）。

我向她請教「文化契合度」的事。她告訴我，她們人資界現在已經轉向，想要找尋「能有文化貢獻」的人——**反映出自己根深蒂固的價值，而不是需要和既有的團體「契合」，或是比一般人長袖善舞**。

如蘿絲瑪麗所說：「這就是最好的我：我的價值加上我的技能，再加上公司的業務需求。」這種將員工視為貢獻者的方式很適合內向人。因為我們可以展現我們的價值，但就是不要要求我們過度分享個人特質。身為內向人，這是很不得了的事，我也是獨善其身，尤其是在辦公室的時候。即便如此，我知道分享一些自己的意見和興趣，可以加強我與他人建立關係的能力。所以我想要主張混合些許個人與專業的部分是好事一樁。這絕對在你的掌握之內，隨著時間過去，我相信能在一些方面幫上你。

教育家凱莉．蓋利格（Kelly Gallagher）在二〇一七年發表的一篇文章裡，提到今天有許多人在跨越「社群媒體門檻」。她以克服個人或專業關係的老師們的跨界來舉例，會令各位覺得眼熟：

- 老師與其他人展開在網路上，但卻非常真實的關係，他們透過社群媒體啟發彼此，偶爾在會議上碰面。他們因此去分享「通常是好朋友才會分享的非專業資訊」。
- 某些在專業領域的熟識要求追蹤或加入朋友。（可能意味）「某人在推特上發出在臉書的朋友邀請，或在Instagram或Snapchat發出追蹤請求。」
- 在專業方面，一則老師訪客的貼文、推特閒聊或他們學生的成就，「令人雀躍不已，他們忍不住在自己的信息流分享。」

蓋利格是一位在麻薩諸賽州的數位學習專家，也擔任ConnectSafely.org這間非營利機構的學前至中學教育主任，這所機構提供家長及老師有關安全和隱私的祕訣。她注意到，對我們大多數人來說，我們的社交媒體帳號「包含了家人、學校的朋友、住家附近的朋友、工作上的同事……還有更多。一種類型的人常常也屬於另一類。真實生活亂七八糟。建立乾淨的社群媒體分類勢必也會亂七八糟……我完全贊成把你的成功、奮鬥、學到教訓的時刻，以及在過程中幫助你的最佳資源，分享給大家知道。」

現在盛行「分享」

當我撰寫本書，此刻LinkedIn已十五歲；臉書十四歲；推特十二歲；Instagram八歲。在不到一個世代，我們或多或少跨越了公私領域的鴻溝。

我們多半安於看到網路上大家所分享的意見、生活事件、想法、笑話、圖片、新聞……來源遠超過我們的家人與朋友圈。

蘇珊・艾琳格是一位產業分析師，書寫有關科技對人產生的影響，她觀察到：「從前，我們彼此互動的方式有限，無論是親自見面或在線上，『個人』與『專業』的區別比現在清楚。在今天的線上世界，這像是一種逐漸演變的自然現象。」

臉書有二十億用戶，掌控了全局，是第一個按照人們會分享個人故事和資訊的想法去設計的大型網路。

臉書今天能夠獨佔鰲頭的關鍵因素之一，就是我們變得越來越習慣去貼文，也就是把有關我們個人的資訊透露給越來越多人知道，遠超過我們的生活圈。從臉書到Goodreads網站，從Slack到Reddit再到Snapchat以及其他種種網站，我們開始期望無論自身的興趣為何，個人和專業能連續呈現，而這是我們所能掌握的趨勢。

在第六章，我們會去深入探討幾種社群媒體服務，以及要如何善加使用你喜歡的服務。

我在二〇一八年春天撰寫此書時，臉書經歷了一場或許堪稱他們當時所遇過最嚴重的公共危機，在該公司的服務與地緣政治之間的爆發激烈衝突。幾乎天天都傳出新消息，揭露該公司對第三方使用用戶資料的政策寬鬆，尤其是透過名為劍橋分析（Cambridge Analytica）的資料探勘公司。這間公司將觸角伸至臉書的用戶資料，未設置必要的安全措施來保護數百萬臉書用戶的隱私。

關於科技為主的服務可能為了目標行銷而大量收集用戶資料（包含政治訊息和選舉造勢活動）的討論已醞釀多時，這次事件是最新的一章。

所有這些複雜的法律和政策議題的探討，遠遠超出本書的範圍。結果就是，我們從來沒有像現在一樣更搞不清楚公開與隱私的區別。

要兼具深度與廣度

即使是在企業主管、政治人物、記者、名流和其他公眾人物之間，透過各式各樣的管道來展示我們的信念、覺得有趣或痛苦的事物、家人照片、我們贊同或批評的事物已經變成常態。

電視劇製作人珊達·萊姆斯在推特上稱讚主持二〇一八年的連續性侵犯賴瑞·納薩爾一案的法官。比爾·蓋茲把他喜歡的新書的一章，與他的臉書追蹤者分享。新聞工作者暨CNN駐地記者傑克·泰波幫他的狗狗在推特上成立帳號。

其他熟悉的例子，則是公司主管公開分享曾經被視為非常私人的經驗。二〇一六年，克莉絲蒂·蕭當時是藥廠龍頭諾華製藥（Novartis）的美國區總經理，起先說她是為了「私人及家庭因素」而下臺——但很快就發現大家將這句慣用語解讀為

「她被開除了」。

因此她接著公開了更多細節：她的姊姊罹患骨髓癌，因為接受臨床試驗而需要有人全天候照料。

時間再往前一年，谷歌的執行長派崔克・皮薛特公開一份很長的聲明，說明他在效力七年之後決定離開公司的原因：「我找不到好理由去告訴塔瑪（他的妻子），讓我們再多等一段時間，兩人晚一點再拿起背包上路，慶祝我們相知相守了二十五週年，翻開人生新頁，好好享受充滿祝福和美的中年危機……」

或許，最出名的，要算是雪芮・珊博格（Sheryl Sandberg）公開貼出幾篇文章，描述她突然喪夫大衛・古伯格（Dave Goldberg）之後的經過。相似的狀況還有馬克・祖伯格（Mark Zukerberg），他在臉書上坦言，妻子普莉西拉・陳（Priscilla Chan）經歷過三次流產之後，兩人所感受到的痛苦。

懷疑論者可能相信這兩位位高權重的臉書主管只是在作秀，而我則認為他們選擇公開這種非常私人的事情，是因為他們也身處在混合個人與專業的此刻。

當然，比起我們有些人來說，已經受到大眾注意的公眾人物，在分享個人經驗或脫離他們本身專業而發表意見時，所受到的風險比較小。即使如此，我們每天都看到各式各樣的人發文和分享故事，內容關於廣泛的個人經驗和生命改變。

大多數的內容並非嚴肅到令人退避三舍。所謂結合個人與專業，內容比較偏向於當事人每天的活動、想法和樂趣。

你的本能可能會讓你不願意在社群媒體上分享，企圖保持那僅有的一點點個人隱私，或是保持一個超級乾淨的公開檔案。但這種作法可能對你不利。因為無法看出你有什麼令人共鳴的特質，某些人可能會覺得你不真誠。即便我們內向人（以及傾向保有隱私的人）也可以找到快樂的媒介，讓我們能在上頭分享自己的事。

我的前同事提姆．費雪最近開始欣賞這種個人與專業混合的模式。

提姆是商業發展與顧客經驗策略方面的老前輩，他說他在混合個人與專業上，「有真正的障礙。我只是單純避開與我在私生活裡所認識的人有生意往來。我擔心假如生意沒做成，我們的關係會有所變化；而且，我也擔心刻意把他們不感興趣的東西賣給他們時，我自己心裡是否過得去。」

所以提姆將他的私人生活與工作生活分開。但隨著時間過去，當他的專業人脈成長，提姆發現自己「擁有上百種關係」，現在更加難以定義：「有很多我一起共事過的人，或是聘用我的客戶，他們屬於獨特類別，或許是『工作上的朋友』。我們以前大概不常聊天，老實說，我知道我們再也不會像剛認識時那樣緊密共事。」

既然他現在有這麼多段友誼是從工作上的聯絡人演化而來的，那麼他說不要跟朋友做生意的堅持還有效嗎？他開始納悶，自己何苦保留這些關係，同時又禁止加深這些關係。等到提姆到新公司上班，他才完全擁抱工作朋友人脈的潛力，並加深這些關係。

今天提姆將他的「工作朋友」視為「一大群知道我、信任我，並希望他們也尊重我的人——這就是人們在生意夥伴身上所尋找的特質。人想要聘僱或是找他們認識、喜歡並信任的人。」

他現在看待這種方式為：「我花了一段時間去放棄我原有的想法。但如今我的工作人脈卻是我學習新知的第一個去處。」

提姆的發現，與現在普遍公開混合興趣與意見的做法吻合。以至於現在嚴格遵守僅限專業的表達，反而看似虛偽不真。

即便你在私交上並不認識所有社群媒體上的聯絡人，也會看到很多度假、婚禮照片、寶寶出生、畢業、新寵物加入或是年邁寵物離開的消息，以及有關工作或升遷的消息，這些全都在你的信息流裡混在一起。

主導權在你手上

長期行銷教育專家暨作者安・韓德利（Ann Handley）也描述過這種現象：「人做生意的對象是人，而不是沒有臉、沒有靈魂的大型建築。你難道不想要你的潛在客戶和線上顧客能有個機會去認識你，就跟你在真實生活裡的朋友、同事和聯絡人那樣了解你？」安故意用兩個推特帳號來平衡私人與專業生活，其中一個是業務專屬的。她並沒有在兩個地方分享絕對相同的資訊。

我為本書訪問安，她解釋道：「有另一層的我在質疑『這說得通嗎？』」因為那個帳號代表品牌、服務和團隊——不只是她而已。關於個人化更大的問題是，她觀察到社群媒體的「固有承諾」以及其中一個關鍵價值，在於顯示人類是有層次、有廣度的。

有人對曝露部分個人生活之事小心謹慎，我問安，該給這類型的人什麼建議，她說：「想想怎麼將你的品牌『個人化』，不是變得『私人化』。前者意謂展現出你是個真實的人。你有觀點、真正的個性、性格。後者是分享對你來說親密或是太細的事，對於更大的社群沒有什麼關聯性。」

對不願把自己看作「品牌」的各位，我真的了解你們對此的疑慮，因為這一切實在太衝擊了。

你可以避開一些不想講的事情，但仔細想想，分享多一點，就能幫你打造出廣度，而其實也不需要透露太多。

透過深思熟慮地這麼做，就能強化你的名聲，也毫無意外地會帶來更多機會。

我們每個人都得決定生活與抱負之間的界線。透過在推特上的商業活動，安說她特別享受真實世界的效應：她常常到處旅行和演講，無論現身何處，都很高興與在推特上追蹤她的人見面。這是她稱之為「前團聚」的現象——你已經在線上見過，現在則是親自見面。

試試看：多透露一點點

提到有些名人和那些過度分享的人，我們可能會感覺自己活在一個資訊過量的時代。但是你可以延伸你的網路形象而不用害怕做過頭，反正大家還是會找得到你。在這過程之中，你可以替你自己給別人的印象增添顏色和深度。以下是幾個讓你透露更多自我，但壓力比較小的方法：

- 用照片圖庫或貼文展示你的寵物、花園或度假地點（小孩也屬於這類，假如你放心分享他們的照片的話）。
- 用一張你喜愛的圖片來當作檔案的封面照：你所選擇的運動隊伍、令人產生共鳴的的風景、藝術品或座右銘。
- 用部落格或貼文展示你喜愛的書或作者、音樂、電影和電視節目。

- 提到你所關心的公益活動或呼籲捐款，像是慈善健走和路跑活動、賑災活動、志工課程。
- 背後有故事的復古照片（假如不是你自己的照片，那就放你的家鄉風景、古董玩意、服飾風格等之類的東西）。

一種新的社交真實性

今天，不只招募人員，其他許多人也將我們的公眾形象視為理所當然的下手目標：競爭對手、董事會成員、記者、執法人員、老同學、路過的好奇人士。

對我們許多人來說，透過一種或更多這種平臺，在線上尋人已經變成第二個天性，看看他們在做什麼，以及我們可以怎麼建立關係。

如今年齡介於十八歲與七十五歲之間的廣大群眾，幾乎很少在線上會找不到他們的蹤跡。

二〇一八年一月，皮尤研究中心（Pew Research）報導，年齡在十八歲至二十九歲的族群，其中有百分之八十八的人使用社群媒體；年齡在三十至五十歲的族群，人數使用比例為百分之七十八；年齡在五十至六十四歲的族群，則占了百分之六十四。年齡在六十五歲以上的族群，則是百分之三十七。

人不想要常常在線上出現，有很多合理原因，即便是在相對來說顯得嚴肅呆版的LinkedIn空間也是，但是你得好好思考一番，是否要更常上線比較好。

假如你根本不在線上社群媒體出沒，別人比較不會想到你，也不會在談話中提到你。

當我們大家應採取行動，以確保我們不想讓別人發現的事實能夠保密，我真心贊成你用自己覺得自在的程度去透露個人資訊以及工作野心。自行選擇要透露多少、公開哪些內容。

這樣一來會增加彼此身上所期望見到的廣度。這是我們的社交方式。往前更進一步，假如你是團隊成員，或是你在新創公司，需要成立團隊，那麼知道未來經理熱愛健行或烹飪等這類嗜好，對你也有好處。

這種混合公私消息及看法的現象，形成了一種新的社交真實性。我們每個人不只是各個部分相加的總和，還會彼此強化。我把社交真實性想成是一種憑證，而獲得憑證的管道，就是透過我們在任一社群網站上的完整自我表達。

我們每個人都必須花時間在這上頭、分享以及儲存。我們做這些，靠的是肯定別人的貼文和意見，為他們的成功喝彩，支持我們所同意的，有時為他們的失去哀悼。在真實世界裡這些也免不了會發生。假如你沒有分享和表達自我到一定程度，你就錯過了培育人脈的機會。

社交真實性能夠站穩腳跟，還有另一個原因：許多線上分享和推薦蓬勃發展，內容從電影、書籍，到旅遊地點和當地人的最愛都有。

對於我們喜愛的事物，我們習慣去閱讀、書寫，以及尋找看法和意見。也有在網絡上依共同利益所組成的群組和討論區，話題可說是涵蓋每一種醫學新知、公共事務和生活事件。

你可以控制自己在面對面談話時所分享的內容。只要你有深思熟慮過貼文的內容和發布時間，在螢幕上做分享其實並沒有什麼不一樣。但話說回來，當你正在酒吧跑透透，或是參與過度熱烈的政治集會，發送即時更新訊息前要先三思。

在真實生活裡，我們可以選擇自己想透露的東西，也可以掌控自己在線上所發布的資訊。

這種介於我們生活要素之間的模糊界線，標示著我們的社交真實性。深思熟慮過的分享方式有其必要。

你分享得越多，得到的回饋也更多。在私人與專業生活裡，還有在網絡上以及真實生活中，這點都是無庸置疑的。

6 讓社群媒體替你工作

網際網路常常以一對一的方式將我們連結起來，也讓我們認識新的人脈，並提供我們無窮無盡的機會去探索、學習並分享。假如我們不想分享，那就不用分享。最棒的地方就在於我們可以選擇。

——莎拉．格蘭傑（Sarah Granger，作家）

我們一直在說融合個人與專業，尤其是在網路上，還有要用你感到自在的方式去達成。

我的經驗告訴我，假如你擅於線上溝通，你所能建立的有意義的關係，遠超過你可能親自見到的人。

你能夠與在「真實」生活裡不認識的人見面、交朋友、做生意（我在這裡替「真實」加上引號，因為現在線上生活其實也算是我們每天例行公事的一部分）。

我撰寫本章，是要向你介紹一些具體方法，讓你可以培養或加強每天在網路上的鬆散聯繫習慣。所以，我會帶你一起深入幾個社交平臺，一探究竟。這些平臺提供各式各樣的絕佳機會，幫你和已經認識的人保持聯繫，並且與你想認識的人建立關係。

一直以來，網際網路邀我們在其中探索、學習、分享，並且透過這些活動與他人建立關係。

所以，對內向人來說，這是再適合也不過了。你可以舒舒服服坐在自己的書桌前、飯桌前、或是喜愛的咖啡廳裡，把自己放在可能的雇主面前，與前同事再次聯繫，為你的下一步收集資訊，並且照你自己的意思與你感興趣的領域的人士會面。

過去二十五年來，網際網路生活透過這樣的方式賦予我價值，尤其是透過我所累積的人脈關係。當然，要不是透過網路，我永遠不可能像我現在在線上認識這麼多人。每個人（尤其是對我們這些在週末晚上寧可宅在家裡的人來說），其實可以多多利用現在的社群媒體來替我們效勞。

我有許多寫作和諮詢的工作，每天都混雜了以下事項：撰寫及回覆電子郵件、即時訊息、在谷歌搜尋引擎上尋找、視訊電話、閱讀並發出推文和私人訊息、LinkedIn搜尋、傳訊以及去IG和Facebook上晃蕩一下。

這些任務和習慣不只是我工作的方式，也是我和別人建立關係的管道，以便習得新知、構思新點子、分享消息和聯繫。你大概也會從事一部分或大部分上述事項。本章能幫助你更有效率地善加使用與他人建立關係的服務。

我先前所提到的那位產業分析師蘇珊・艾琳格，撰寫關於科技對人類影響的文章。她提醒我，在二〇〇六年的時候，當Facebook開放大學生以外的人使用他們的服務，眾人彼此互動的方式有種試探性。她也注意到，這就像「走進你一個人都不認識的派對裡」。

久而久之，隨著我們許多人加入，對於我們張貼的內容以及到處傳送的內容混雜在一起，我們逐漸感到自在：個人消息及照片、新工作和生活變化、政治意見、公益目的、幫助他人。逐漸地，我們表達自己的方式，從輕描淡寫，演變成大聲疾呼。正如我們心裡明白，今天我們習慣將私人生活的面向，與我們公開的——我們可以讓人發現的——自我那一面，混和在一起。

隨著時間過去，我們逐漸對於張貼的內容以及夾帶的內容混雜在一起感到習以為常。

建立關係及分享的地方，會依你的喜好及喜歡使用的社交平臺而定。在本章，我們會深入檢視三種平臺：LinkedIn、Twitter及IG。

我特別著重在這三個平臺，因為它們都不需要你與另一個人建立一對一關係；每個平臺都是所謂的不對稱網路（asymmetrical network）。全都設計成你可以非正式地與認識的人建立關係，也可以去發現新人，他們的貼文、圖像、意見和更新，你全部都看得見，而且能予以回應。

你不必認識查詢或追蹤的對象；你可以主動聯繫去認識，或甚至只是回應而不必直接建立關係。在此的重點是，每一種平臺都帶你超越熟人圈，透過新的聯絡人，你便能輕易進入新領域，踏出舒適圈。

在這些線上服務之中，存在最久的是LinkedIn，在二〇〇三年開始幫助人們建立專屬的專業人脈，為他們的職涯抱負尋得其他協助，這個平臺迄今依舊忠於這個目標。Twitter在二〇〇六年誕生，是一種範圍自由、形式簡短的公共平臺——每個使用者的經驗根據他們所追蹤的帳號而有所不同。造成的一個結果是，在Twitter上很容易發現志同道合的人，並且與他們建立關係。最年輕的服務平臺是ＩＧ（現在隸屬Facebook旗下），此平臺設計為展示照片和其他圖像，提供視覺貼文及動態消息的無止盡串流。在創作者及各種名流人士之間大受歡迎，也廣受許多做視覺傳達的組織和消費性品牌的喜愛。

大多數其他號稱「社交」的服務——意思是使人容易創造、分享、透過平臺去回應文字和圖片。例如Facebook、SnapChat、YouTube和WhatsApp。

社交網路服務建構在使用相同服務的聯絡人，當你初次申請加入，出現在你信息流裡的就是這些人。

你可以控制交友圈規模。例如，假如你不想去仔細檢視整本通訊錄，你可以手動輸入聯絡人，或是選擇把通訊錄連結至服務平臺，然後在你的名單內取消不想追蹤的人。

雖然你可以改變設定，這樣就有更多人（以Facebook來說的話，朋友的朋友或甚至一般公開）可以看到你的貼文，但沒有一個服務平臺是設計來可以公開找到你的帳號。與你不認識的人建立一對一的關係，這些平臺也因此變得沒那麼有用處。這些服務非常有用，也帶來無比樂趣，但與我們在這裡要談的重點比較無關。

三項用來發現與連結的服務

我們來好好一一探究這三項服務，任何一種都能幫你與許多你認識的人、想認識的人，甚至是應該認識的人，保持鬆散聯繫。

・最直接的連結關係：LinkedIn

把經營人脈當作服務核心來設計功能。

專門設計用來幫助求職者與雇主聯繫的最大、最古老的服務，LinkedIn的建立以人脈效應為考量：「假如二十個你信任的聯絡人，每人都將你介紹給他們自己二十個以上的聯絡人，你很有可能透過已經認識和信任的人，與十五萬名以上的專業人士建立關係。」Linkedin的功能幫你展示自己、與其他人建立關係。無論你是在找新機會、想要有個公開檔案，以便別人可以找到你、想要看到推薦人選、想要找「你可能認識的人」……LinkedIn非常擅長建立並維持專業關係。

如創辦人雷德．霍夫曼（Reid Hoffman）在二〇〇九年的一場訪問裡所言：「人需要跟自己不認識的人談談，以便把工作完成」。他說的「工作」指的是找尋關係去聘用、被聘用以及做生意的工作。

LinkedIn的優點：

將你認識或一起共事過的人聯繫起來。

把自己介紹給想認識的人。

透過動態和文章去分享你的想法。

參與專業討論。

如業界分析師艾琳格所說：「起先LinkedIn全是追蹤像是創業家理查・布蘭森（Richard Branson）、比爾・蓋茲之類的公眾人物；我想，現在LinkedIn比較擅長找『一般人』了——其中有我可以好好學習的對象、我不認識的人，而且我不知道我不認識他們。」

今天全球有超過五億、具有事業心的人把LinkedIn當作建立關係、找工作消息和職位空缺、對公司做研究、提高個人檔案知名度、透過LinkedIn社團來認識有相似專業興趣的人的實際網站。

皮尤研究中心（Pew Research）最近報導，大約有百分之五十擁有大學學歷的美國人，使用LinkedIn，反觀百分之九的使用者僅具高中學歷或不到高中學歷。

公司和招募人員付費給LinkedIn去刊登職缺，找尋可能人才，並審查求職者資格。表示你應該假設徵才者經常在LinkedIn 到處尋覓，而且可能看過你的檔案。幸好，LinkedIn會告訴你有誰或哪間公司行號已經看過：在你的LinkedIn首頁的上方點選「我」，接著點選「查看檔案」，然後再點選「誰來造訪」。去查看有誰造訪過，永遠都是個好主意，因為這能激發建立關係的新想法，以及該去哪裡找空缺。

一般而言，最好把LinkedIn上面的活動看作是一種積極運動。對你來說，是要留意和繼續去調整，對其他使用這項服務的人來說，可以在他們所查看的檔案裡看到你的資料。這些資料反映出你的成就、描述你的優點和抱負，因此對他們來說很方便。

時至今日，一個LinkedIn連結網址，常常取代履歷表摘要或詳細的履歷表——對內向人和其他討厭經營人脈的人而言，這真的是天上掉下來的禮物。

不用去一場面對面活動，就可以在你的領域，或是你希望進入的領域內有影響力和存在感。

你可以按自己的喜好隨時更新帳號——修改遣詞用字、更換你的相片、新增或刪除之前的職位……還有，你可以關閉變更通知，這樣其他人就不會收到你編輯過檔案的通知，只會等到你開放才看到——當你在找新工作之前修改文字，這項設定尤其重要。預覽別人會看到你有什麼樣的檔案，並且審閱你的設定，以便去了解你想要向非會員及搜尋引擎透露多少，以及如何將動態限定在只有LinkedIn會員才能找到你，永遠都是個好主意。

LinkedIn有四項主要功能，是建立有意義的聯絡人的價值核心。分別是檔案（Profile）、LinkedIn 社團（Group）、動態（Post），當然還有最重要的是與其他人建立關係（Connect）。

‧LinkedIn祕訣一：讓你的個人檔案有價值

因為這是做生意的人（或是打算經商的人，例如社會新鮮人），在業界找人的地方，大家會用它來招募聘用、諮詢、了解更多潛在員工。我鼓勵大家把自己的檔案維持在最新狀態。就算你在目前的工作或學校覺得滿意。至少每三個月去檢查自己的檔案一次，看看是否有需要修改的地方，這仍然是良好的習慣。大家一天到晚在找顧問、會議講指者、董事會成員，以及根據專業的新聞資源。何不找你呢？

❶ 造訪你的「設定和隱私」頁面去關閉通知有關你所做的改變（在LinkedIn的路徑是「我」＞「設定和隱私」＞「隱私權」＞「檔案和人脈資訊顯示方式」＞「編輯公開檔案」＞「變更」。

❷ 著眼於你的生涯展望，依此來架構簡介：你接下來想做什麼，或是你有什

麼特殊技能。這是最能介紹個人整體才能的訊息。就算你沒有積極尋找機會，還是除了摘要目前和過去的工作外，再多寫一些。

❸ 用檔案來清楚說明你目前和過去的職務內容及成就，如此一來，不熟悉你的領域的瀏覽者，便能了解你的工作是否能對新職位有用。

❹ 更新並詳述近期內的案子，以及任何出版作品和會議上的露面，以便獲得注意和吸引。盡可能提供某些演講、影片和文章的連結。假如你才剛開始，要養成習慣，更新反映自身職涯興趣的檔案，開始發展關係。

❺ 三不五時瀏覽自己的「聯絡人」，去看看哪些你認識的人已經與看過你的檔案的人建立關係。這就是在「小小世界」開始經營人脈的時刻。

・LinkedIn祕訣二：你的簡介很重要

LinkedIn檔案沒有單一的風格，可以的話，我推薦你就用閒話家常的口吻。這對「簡介」來說特別重要，這個功能在你的檔案上方。這是許多訪客的第一站，而且是讓別人了解你的最快方式。你可以把迄今的成就簡短地放在最上層的地方，但也可以把你想做的事架構大幅藍圖。

對於任何一個想要開始新職涯、轉換領域、或是在休息之後重回職場的人來說這點特別重要。

把「簡介」想成是一種你自己給你想建立關係的人的預先介紹。

假如你經驗不多，花點時間著墨「簡介」，把你的世界觀，以及你想如何透過你的熱情來改善世界，告訴我們。

以下是幾個我的聯絡人的例子，呈現的是高階「摘要」。雖然內容有所不同，但每一個摘要都很快發出訊號，顯示這個人的技能與興趣為何。首先，是幾位獨立顧問：

Hedgehog+Fox的創辦人，也是策略溝通顧問，曾經就公共關係策略、媒體和發表訓練，以及執行思想領導力發展，與不同單位合作。我們將不同人的聲音帶進龐大的公司，幫助創辦人和主管，以真誠和令人信服的訊息，與他們的股東相連在一起。

——凱特・梅森

三十年前，在一個沒有人相信會有人買B2B軟體而不必親自見面的時代，我設計並建立甲骨文的內部銷售團體——現在已經成為數十億美金的全球銷售組織。今天，我的團隊專家在「現實工作團隊」（Reality Works Group）幫助公司打造未來營利的商業模式。

——安娜卡・西利

策略家。說書人。改變代理人。我是定義品牌策略和身分的專家，然後以獨特且激發人心的方式——透過引人入勝的故事、親臨其境的經驗，以及互動環境，將之帶入生活裡。策略和設計交集所在是我的最愛……我愛發表事物。

——品牌、團隊、產品、主動提案、工作的新方式

以下是幾位有擔任過全職內部職位的人：

活力充沛、熱情有經驗的財務專業，專精於設計、翻新整頓，以及管理小型至

中型公司的財務健康和系統。

——南西・丹特

公民及文化領導，在率領非營利以及推動公平改變事務上有二十年經驗。

——黛博拉・庫里南

我對於去改善人們生活的科技能力充滿熱情，因而加入Twitter、Uber和Stripe，我有跨功能領域的營運經驗，包含產品管理、產品行銷、業務管理、商業發展、國際開發。我求知若渴，在史丹福大學攻讀了理學學士（BS）及工商管理碩士（MBA），我當時是梅菲爾德研究員（Mayfield Fellow），並擔任「史丹福商學女」（Stanford Women in Business）主席。我熱愛語言（口說語言及程式語言），狂熱的程度到我修了八種語言課——從法語到C++。

——艾美・賽柏

雖然這些簡介各異其趣，但每篇都讓你對該人的能力和興趣有個大致的理解。你難道不會想更進一步認識他們嗎？他們的簡介使他們看似平易近人。以上每個人的寫法都讓我想繼續往下讀。

・LinkedIn祕訣三：至關重要的歷年工作紀錄

接下來，你的LinkedIn歷年紀錄（在你的簡介底下），就是用標準方法去一一列舉你所做過的工作和擔任過的職位。這部分很像履歷表，用列點的方式法去描述一連串職位和工作責任。

我提倡用簡潔的方式去描述每一個職位或企畫的重點。在可能的情況下，納入任何可以量化的事項真的很管用。量化對多數業界人士而言通常是適用的。以下有幾個不錯的例子：

> 點對點的人資全球責任對兩千位員工（百分之十七的組織，並且仍在成長中），涵蓋二十個以上的國家。
>
> 初期產品育成及合作夥伴，橫跨谷歌一系列產品。率領一百個以上的策略合夥

關係及國外參訪，前往伊拉克、阿富汗、巴基斯坦、巴勒斯坦。

實施公司最初的行動裝置優先（mobile-first）、全球網站重新設計，增加產品網頁流量百分之四十一並改善百分之二以上的轉換率。

假如你沒有任何可以量化的東西（其實很多行業的內容都無法量化），你可以清楚用文字描述你的專業以及責任層級，在一片充滿工作術語的世界裡，這樣絕對會讓人看得比較舒服。以下是幾個非常精準的好例子：

我率領我們資源中心裡的視覺與ＵＸ（使用者經驗）重新設計團隊，幾項產品發表和功能網頁，以及各種其他創意內容產出（影片、電子郵件、插圖等）。

——布莉爾・艾弗洛

行銷及溝通專家，協助初期創辦人在定位、命名、傳訊息、上市策略、和發表執行等事務。

——艾莉兒・傑克森

具備高等教育、金融理財、數位科技與非營利組織的經驗，我帶來全新的眼光，幫你帶著你的設計和策略目標前進。大部分使用質性研究方式。

——南西・弗里斯博格

最後，對於正在找工作的人、社會新鮮人以及失去受薪工作的人，以下我特別提醒：你們的工作資歷可以包含志工工作、教育計畫，甚至向來不被視為「專業」的工作。

我打賭你從當餐廳服務生學到許多客服技巧，或是在孩子學校裡的募款經驗，這些都會助你將興趣轉化為有力的後盾。從你自身的直接經驗，更開闊地思考未來的雇主如何從你的知識獲得好處。

・LinkedIn祕訣四：善用社團（Group）

LinkedIn社團很值得一探究竟，可以建立關係，也能有私密空間去談論自己、與他人互通有無，以及從別人身上學習。

要找到你有興趣的社團，到linkedin.com/groups/discover或是在LinkedIn網站上方輸入名字或關鍵字去尋找。

你會看到每一個社團的詳細介紹、社團規模，以及一張你的聯絡人所參加的社團清單。社團眾多：目前的熱門話題，像是「內容行銷」（content marketing）、「使用者經驗」（user experience），每一種話題都出現一千五百個以上的搜尋結果。要等到你加入才能看到個人貼文，但是一旦你知道這些社團有多麼熱絡或清閒、多麼有用，加入、退出、重新加入社團就很簡單。

假如你加入社團去拓展或改變你的專業重點，職涯教練南西・寇拉莫建議在你的檔案裡顯示你所加入的LinkedIn社團標誌：「這是一種巧妙的方式去加強你在不同領域或公司的興趣……而且假如你想要轉換職涯，但還沒有許多相關經驗好放在檔案裡，這更是一種重要的策略。」

萊恩．麥杜高是LinkedIn的團體產品經理，告訴我社團功能創造「一種共享的目標感，做了一件有價值的事：把人整理一番。如果你的問題是『嗨，我真的很喜歡你的主題。你有沒有三十分鐘的時間可以談談……』把你的問題放在社群的情境底下，就能創造出更多令對方點頭說好的理由。」

除了許多LinkedIn社團反映專業興趣，幾乎每一種同類關係——其中有退伍軍人、跨性別者、拉丁裔、非裔美國人——都有代表。

沒必要限制你自己只能參加一、兩個社團。涉及的行業主題非常廣泛。用字詞和詞句去搜尋去找出這樣你就能跟你同類的人建立連結關係。以下是如何找到可能感興趣的社團方法：

- 從你的LinkedIn首頁，用搜尋列輸入你想找的詞彙。最初的結果橫跨LinkedIn項目，包含會員（People）、「公司」、「內容」還有更多。
- 「更多」有下拉選單，你可以在這裡選「社團」，就可以看到所有LinkedIn成員所建立的社團，而且你可以在加入前，閱讀每一個社團更詳細的介紹。
- 當你加入一個或一個以上的社團，你會在你的檔案看到社團的圖示——這是個方便的方法去把你某些興趣顯示給發現你檔案的人。當你覺得自己可以補充、加入對談、張貼你的想法。仔細閱讀你所欣賞的人的貼文，去獲得些想法，並且以幫助他人的精神去表達你非說不可的意見。其他成員會注意你的努力，尤其是隨著時間過去。

換句話說，社團是在有來龍去脈的情境下建立連結的地方，你可以藉由參加討論、提供經驗、分享有幫助的文章，還有提出或回答問題來建立信任感。在相對隱私的空間，這個動態有助你建立你真心誠意的形象並拓展人脈。（當你回應時，別忘了在人名前加上@符號，這樣對方才會收到你提到他們的通知。這是一種善意舉動，也鼓勵更多交流，即使是和那些你沒有直接連結關係的人）如麥杜高所說：「對談可在兩人之間開啟，而且很容易找到第三個人、第四個人、第五個人加入，無論是洞察力、意見，甚至是機會，都會在此出現。」

・LinkedIn祕訣五：透過寫作來提升你的能見度

假如你已經在使用LinkedIn，可能會注意到，你的首頁有看起來很熟悉的貼文串，像是在Twitter或Facebook看到的那種，顯示你的LinkedIn聯絡人和其他你所追蹤的人的消息、網誌和資訊。

在那串信息流的上方，有邀請你去「分享文章、照片、影片或想法」的按鍵，假如你選擇文章的選項，你就會得到一塊空白區塊，很像是簡單的文字處理器的開始畫面，準備好抒發你的想法。

在LinkedIn寫下貼文，去分享你對產業消息的看法、在工作上學到的經驗教訓、潮流觀察或是其他專業想法的意見，這是很棒的方法。

先前所提到的那位產業分析師蘇珊．艾琳格，稱讚LinkedIn是她所使用「到目前為止最有用的專業工具」，並補充「這是一個絕佳的內容平臺，並且是由內容主導的互動」，其他人可以根據他們的興趣因此去追蹤她。

假如你張貼別的地方來的文章，抓住機會去對該文發表意見，吆喝你認識的人去加入對談（附上連到他們的名字的連結，他們才會收到通知去看看你寫了什麼）。吆喝會使你得到些注意，並且增加你整體的檔案和能見度。反過來替你打開大門，認識新的聯絡人及展開對話。

雖然LinkedIn絕對希望你的所有發文最初都是在他們的平臺上發表，但你當然可以重貼其他帳號的文章，例如個人或是公司的部落格，或其他雜誌、報紙、專業出版品等媒體，以便增加讀者和提高注意。

假如你這麼做，在上方加上新的意見和前後文，直接向你的LinkedIn讀者說話，這是個好方法。

這麼做有兩個原因：一、讓他們知道這篇文章已經刊登在別的地方；二、你想直接連結你的LinkedIn社群去分享這篇文章（而且，當然，某些人將會把文章傳出去）。如此一來，有更多人能更認識你和你的想法或生意。

以下是LinkedIn行銷人員泰洛娜．希斯準備的清單，告訴你開始要寫些什麼：

- 為什麼我現在要寫這篇文章？
- 我能帶來什麼知識、洞見、或專業是別人所不能提供的？

點？
- 我對這個話題有沒有意見？有清楚陳述嗎？我能用哪些證據去支持這個觀
- 我要如何將新聞或最新的產業見解放入我的貼文內？有沒有什麼被樂烈討論的話題我可以納入？

・LinkedIn祕訣六：與他人建立關係

在LinkedIn建立關係到底有多重要？與其他指標一樣，重質不重量，所以不用追求數字越多越好。跟那些檔案、經驗、發文令你覺得有趣的人建立關係即可。順帶一提，不管那些帳號到底還有沒有更多連結關係，LinkedIn只會在所有到達那個里程碑數目的帳號上顯示「500+」（但你可以在你自己的檔案裡看到確切數目）。我現在大約有三千個LinkedIn聯絡人，但是，比起遇到某個問題時，我找得到人請教，這個數目對我來說根本就不重要。

你當然沒有義務答應所有邀請，但仔細看看那些想連結你的人是值得的。有些可以是你人脈中有用而且堅實的關係；其他沒這麼有用處，但訣竅是，你永遠都不知道。現在，我手上大約一百五十分最近的邀請尚未回覆。當我收到來自不熟悉的名字的邀請，我會看對方的檔案，以及我們彼此的連結關係。假如我沒看到有任何吸引我的理由去加他們，我就不會採取任何行動；我晚點會再看一次。有時，我會花點時間去看聯絡人可能有什麼價值，因為我不想太快就回絕邀請。

假如你並沒有很多共通關係，對於你想建立關係的人，花點時間在你的請求上附封個人短信。向對方解釋你對他們的領域或專業有興趣，或是對他們的公司有問題想請教。

一封個人訊息，能夠讓所詢問的對象決定要不要幫你的忙。他們可能也覺得你的經驗有意思。把來龍去脈透過短訊告訴他們，會提高他們幫忙的意願。

當然，LinkedIn的生命泉源是去接受人脈請求。依此原則我完全贊成，但我們知道邀請可能會遭到誤用，因為人們建立關係的目的都不同。

當我詢問朋友和聯絡人，他們最討厭人脈的地方是什麼，有人回答是想建立關係的隨便要求——尤其是在LinkedIn。以下是具代表性的意見：「我厭惡LinkedIn透過人脈要求幫忙：『雖然我們從未見過面，我們彼此是關係很遠的聯絡人，你能否幫我做某事嗎？』這些人根本無視於做該事所需花費的時間，也不覺得有必要建立真誠的關係。」

要建立有意義的連結關係，可以考慮以下這些方式：

- 徹底探索你的LinkedIn聯絡人，評估你最認識誰，就算要花上好些功夫才能找到想找的人。過程中，你可以聯繫可能的重要人士，尤其是如果你告訴對方一些你想找的資訊。
- 不要為了請對方幫你與某人建立關係，就隨便開始向陌生人請求。（這相當於「我瞄了你的名牌一眼，但我對你不感興趣，要找個更有趣的人。」）解釋一下請求的來龍去脈，並且以感激之情，你曉得這會占用對方的時間和注意力。
- 你的開場白要講些有意義的話，就算只是「我想知道更多關於您所做的工作／貴公司的詳情」也可以。如產品經理萊恩．麥杜高所注意到的，「如何在LinkedIn主動聯繫的最佳建議源自『人性化』。假如你有所求，有沒有什麼是你能付出的？從些許奉承開始。永遠無傷大雅。一旦建立起對話，假如某天對方在找什麼資訊時，他們就會想起你。這是創造關係建立的方式。」

結合原始人脈與新人脈

崔維斯．寇威爾是我前同事，也是我的多年好友，他告訴我一則他用LinkedIn找到新工作的勵志故事。

崔維斯是個擁有工商管理碩士學位，擅長行銷及設計策略的中年男子。做了幾年獨立顧問之後，他決定找個公司內部的職位。

他知道找這工作會花上好一段時間，他繼續從事原本的顧問諮詢工作和客戶的案子，同時一邊開始找新工作。他想要慢慢花時間完整查清楚每條線索，而他也持續地這麼做。

有位企業招募人員因為看到崔維斯在LinkedIn上面的檔案而主動與他聯繫，透過這次談話，崔維斯知道，對方起初提議的工作他沒興趣。但在他們對談的時候，對方剛好提到他們公司正在組織一個新部門，比起核心經營，性質上比較像研發和考察，這引起他的興趣。

雖然他剛開始查詢的時候沒有相關職缺，他的確在LinkedIn尋找，看看他的聯絡人是否在該公司有認識的人。結果他找到一位我稱之為瑪芝的前同事，她在母公司上班，有連到這個子公司裡的人。

因為瑪芝是崔維斯稱為「高價值、原始」的聯絡人。他多年前曾與她共事，並且一直保持鬆散聯繫。他可以直接找她去幫忙，介紹他給這位他想去的公司的人認識。

我喜歡用「高價值、原始」來形容人脈裡的核心成員，這指的是你最信任而開始向對方尋問工作的人，這往往是因為你們有過工作上的革命情感。

有鑑於兩人的過往交情，崔維斯向瑪芝請託很簡單，但她不清楚他是否適合新組織，而且她要離職了，所以沒辦法幫上什麼忙。

崔維斯繼續尋找，幾個月後，他又在LinkedIn觀看現在和他想去的公司有關係的新增名單。這次他找到一位真的在那裡工作的弱連結對象。

他們一連絡上，這位熟識立刻感覺到崔維斯會是該職缺的合適人選。這位弱連結很快就把他的履歷表傳過去，接著是一輪電話過濾、面對面的面試，然後發出錄取通知，而崔維斯接受了。

事實證明，這個獨特的過程，牽涉了許多與他的終極目標之外的聯絡人和公司，花了一年的時間。崔維斯並不感到苦惱，因為他了解到，自己在尋找的是一個非常特別的機會。

你的追尋或許不用那麼久，但崔維斯的故事還是很有教育意義。這是很好的一課，如何運用你原有的聯絡人，以及隨著時間在你的LinkedIn圈子內變化的人，在搜尋的同時，注意誰能在哪個部分幫忙。

LinkedIn替崔維斯輕鬆保持與這個新公司相關的人之間的聯繫。沒有社群服務平臺的話，這項工作原本會很困難。

除此之外，他靠自己在真實生活裡的聯絡人去得知更多消息，並且建立其他關係——全都靠著舒舒服服使用筆記型電腦，直接達到親自面對面的會晤，最後帶來工作邀約。

當然，LinkedIn不該是你建立關係或找到好職位的唯一工具。但這個平臺設立的目的在於公平競爭，你能找到正確的人來幫忙，也能讓招募人員找到你。

LinkedIn的產品經理萊恩特別提到，他們的創辦人雷德·霍夫曼（Reid Hoffman）

設立這間公司去解決「才能和機會的配對沒效率」的問題，這正是沒有透過人脈找工作的特徵。

萊恩觀察：「在一個沒有LinkdIn的世界，是已經彼此建立關係的人得到所有機會，因此連結關係就變得越來越多。」他說，LinkedIn旨在幫忙，藉由替「每個人都增加多一點連結關係，這樣你就能閒話家常，被導向很棒的工作，普建立關係。」

我希望你試試看以上有關LinkedIn的使用建議。這個服務長期以來成為許多人的主要工具不是沒原因的。隨便問任何一位招募人員都行。

即時人脈：Twitter

替自己客製化經驗

Twitter上有經常性、源源不絕的即時消息，充滿任何你能想像得到的話題，觀點五花八門，有的嚴肅、有的幽默、有的記載詳實，也有很離譜或是充滿挑釁的觀點。

許多不敢使用社群媒體的人認為Twitter很麻煩，因為上面東西太雜，資訊太簡短瑣碎，轉瞬即逝。

有些人是不喜歡上面出現的毒舌評論和交流，有些人對於該怎麼加入、何時加入而感到遲疑。

我了解這些顧慮，但我個人深受更新快速的新聞和各種資訊寶庫吸引。我發現Twitter是用來緊跟時代脈動的重要工具。

有點出乎意料之外，Twitter也變成我與同好保持聯繫的方式，有很多人我完全是在Twitter上認識的。根據他們的貼文、我的貼文，以及我們彼此回應的方式，我開始追蹤對方並逐漸認識。

有時，這些純粹是熟悉的網友關係，也有時候你在真實生活裡認識對方。你可能不認為Twitter可以幫你找到工作，但我建議你敞開心胸（順帶一提，許多招募人員和公司在Twitter上非常活躍，這是它也很適用於專業關係的原因之一）。

假如你還沒用過Twitter，嘗試去探索有興趣的途徑，看看有什麼結果。

Twitter最適用於：

- 隨時關注你的興趣。
- 閱讀別人的推文、提問來收集資訊。
- 在社群裡有歸屬感。

自從Twitter受歡迎的範圍開始超越早期科技界的愛用者之後，核心服務依然存在：你可以在幾秒鐘之內發出即時短訊。你可以發出「長」推文（可達兩百八十個字符，而非受限於原先的一百四十個字符）、張貼影片、使用無數的表情符號或動態圖檔等等。

但其效果和好處，與已故的紐約時報媒體專欄作家戴維•卡爾（David Carr）在二〇一〇年所發表的一篇文章〈為何Twitter會繼續存在〉（*Why Twitter Will Endure*）中所描述的差不多。

在文章裡，卡爾解釋他變成重度使用者的原因：「在某個特定時刻，我讀到的東西比我以為的還要多很多，我沒有花半小時的時間去找尋靈感，我用在星巴克裡等待一杯咖啡完成的時間，了解一天的消息，以及人們如何反應。對，我沒信心自己能夠進行漫長的思考，但這種交換很值得。」

我的經驗呼應卡爾的經驗，也呼應今天位於世界各地數百萬用戶的經驗。要知道現在發生什麼事情非常簡單，例如哪些話題很流行，又為什麼這些話題會流行；「Twitter」（這一詞原意是指一小批擁護某個議題的人——比方政治Twitter、黑人Twitter或狗狗Twitter）回應最新的公憤或暖心故事；誰對某則新聞報導的看法最棒；哪一個錄音片段或是短片令你感到惱怒或哈哈大笑。

雖然Twitter鼓勵你積極參與，許多我認識的人只讀不發。他們告訴我：「我不發推文，但這裡是我的消息來源。」

我認為這樣也很好，甚至可以說很理想，尤其是如果你的工作必需謹言慎行，或是不想公開發表意見，也不願在眾目睽睽之下與他人建立關係的話。

至於我，自從我十年前開始認真使用Twitter，我就成為信徒。觀摩效法他人、追蹤想法和討論、獲得對新領域和機會的見解，Twitter都是一個很棒的工具。

因此，這是你去認識原本不會找到並保持關係的聯絡人的最好方式之一。

為了本章目的，以下我要介紹設定帳戶的標準步驟，前提是你的推文要設為公開。

・Twitter祕訣一：把你的檔案變得舉足輕重

無論你是第一次建立帳戶還是正在修改，在替自己建立個人檔案小天地時，有幾個地方需要你注意。

這是因為你的使用者名稱（在@符號前面的名字），加上你選擇用來代表自己、放在帳戶上方的頭貼，兩者結合變成你的Twitter名片，就跟LinkedIn簡介功能的道理一樣。

一、慎選你的Twitter名稱

你的帳號名稱可以很簡單，就是你的名字，也可以取個差很多的名稱。我自己的Twitter名稱是@kvox，這是我多年來在顧問工作上所使用的名字。結果用在

Twitter的效果也很棒，因為名稱很短，不容易拼錯或念錯，不像我的姓氏常常被搞錯。

二、決定想分享或是想避免的內容

Twitter的個人資料空間有限。有些人只談工作，但我注意到許多人把職業或目前工作與個人興趣混雜在一起。附上一個連結來詳細介紹自己也是很好的一招，無論是你自己的網站、部落格、ＩＧ帳號或是YouTube頻道，將訪客導向你想要的最佳代表。節制使用關鍵字和標籤；如數位策略家艾琳．布萊斯基注意到的現象：「一般關鍵字幫不上任何人。」

三、仔細考慮你的化身

在你的Twitter首頁上，跟著你的名稱一起出現的頭貼也會出現在你的每則推文裡。假如你的興趣是在找到工作，你可能會想用清楚的大頭照來增加可信度，而不是一張你在衝浪，衝出四分之一英哩外。一張繪圖或漫畫也很好；那就是我用在@kvox此一帳號的圖像，因為很像我。你的帳號頭貼應該也要能代表你，去歡迎大家與你展開對話和交流。

以簡短的形式描述你自己

你可以從別人的簡短描述得知很多資訊。以下精選數則介紹，你可以看到，有幽默感很好，直截了當很好，結合兩者也不錯。

@DrDonnaYates：犯罪學系考古學家。我研究文物走私、藝術犯罪、遺產、文化。藝術事物及相關的珍品古玩。移民。公民。

@EricaJoy：工程工作

@Patreon—逃離舒適之物。忘記安全。在你所畏懼之處住下。摧毀你的名聲。變得惡名昭彰。——魯米

@RadioKitty：我寫下叫醒你的話。廣播節目製作。得過尼曼獎學金（Nieman Fellow）

@MorningEdition @NPR前員工。任教於@Georgetown。節目南北戰爭榮獲

艾美獎。

@GretchenAMcC：網路語言學家。寫一本捍衛網路語言的書@riverheadbooks。@TheToast前內部語言學家。Podcast @lingthusiasm（她/她的）。

@jemelehill：資深通訊記者暨The Undefeated網站專欄作家。在底特律土生土長。在密西根州長大。ESPN第四欄的Twitter帳號。

你可以隨時改變你的帳號要素——用字遣詞、連結、圖像。把Twitter的個人檔案當作你的小畫布，去顯示你目前著迷或長期熱愛的事物。每隔幾個月檢查一下，確認是不是需要更新內容。

・Twitter祕訣二：不斷整理追蹤的對象

Twitter經驗的真正關鍵，是你所選擇追蹤的帳號。從你挑出帳號的那刻起，就會看到那些推文層層堆疊在你的信息流裡。

有一點很妙的是，你跟我排排坐在一起，我們看到的推文串卻很不一樣。我們兩個人的信息流不同，而且沒有兩個人會看到一樣的推文串。

身為一個重度的新聞讀者，我在Twitter上跟隨很多記者及刊物的帳號。結果就是我常常看到閒聊、評論和即時新聞。

但假如你想避開即時消息，想要猛看寵物影片、展覽訊息，或是一切有關運動的訊息，你也能找到那樣的族群，並且在那裡流連。公益目標或學術研究，或是其他領域都一樣。

這就是這項工具的基礎：這是你可以為自己量身打造的經驗。

假如你剛開始接觸，以下有幾個你可以跟隨哪些人的點子：

- 你喜歡的部落客所建立的Twitter帳號。
- 透過在Twitter上被列為「最具影響力人士」（或是領域的頂尖專家）。
- 當你在Twitter上增加一個跟隨帳號之後，Twitter所提供給你的建議帳號。

- 看看你喜歡跟隨的人，他們又在追蹤哪些人。
- 那些你也有對方Twitter帳號的LinkedIn聯絡人。

·Twitter祕訣三：使用你的主題標籤

Twitter最重要的特色之一，是一位名叫克利斯·梅西納的早期用戶建議在關鍵字或是一句話的前面加上一個井字記號＃，可以成為人們跟隨特定對話、即時新聞以及相關服務的方法。

其他平臺現在也支援這種做法，包括ＩＧ和LinkedIn。在Twitter上，你可以透過獨特的符號創造、搜尋事件與對話。

除了大型的公共事件，像是#WorldSeries（世界盃足球賽）、#Grammys（葛萊美獎），以及事件報導進展消息，例如#election（選舉）、#hurricane（颶風）等，你都可以透過這個符號來參與公共討論。

為許多這樣的事情建立標籤，並積極鼓勵大家在集會期間都使用特殊標籤。無論你是人正在現場參與，或在線上跟隨，你都可以發表評論、分享照片、寄出問題，並找到講者和其他跟你一樣跟隨同樣討論串的人。

與具有相同興趣的人建立關係，或在事件結束之後追蹤對方，這都不失為一個延續對話的好方法。

・Twitter祕訣四：制定並訂閱Twitter列表（Twitter List）

Twitter列表，方便你藉由主題或興趣，將不同人組織起來以便追蹤。比方說，你可以把全部你追蹤、對國內新聞發表評論的人整理列表，或是另一張全是運動賽事評論員列表、詳列書和作者的列表……真的是隨便哪個你想跟進的項目都行。無論你何時登入Twitter，都可以看到這些在某一張特別列表或好幾張列表上的推文，而不必去一一尋找每個人的最新推文。換句話說，你可以隨時或按時段輕而易舉地客製化自己想接收的內容。

列表可以幫你按主題追蹤許多資訊，而不是只在你的信息流上，直接在地緣政治學的推文底下看到運動賽事比數。思考一下，你打算怎麼組織你的資訊。你可以把你在真實生活裡所認識的人，或是你喜歡的表演者、非營利領袖、你喜歡的新聞機構，整理成一張張的列表。

真的，任何你想跟隨的人事物都行，包含你個人的專業興趣。列表方便時機敏感的情形，像自然災害或意外（森林大火、颶風、墜機或火車事故），很多人會在現場發送推文。

要建立列表，先到你的個人檔案頁面，你會看到「列表」的選項。然後，替你的列表命名，這樣對你以及訪客來說都會清楚（比方「媒體中的女性」），並加上你在該項目想要的Twitter名稱（也就是帳號名稱）。你隨時都可以增加或刪除名字，當你想看你所建立的列表上發生什麼事，只要在列表名稱上點選，你就能看到該群組裡所有人的最新推文。

去發掘想訂閱的列表，看看有趣的帳號的個人檔案，點選他們的「列表」（可以在右邊、他們的「喜歡的內容」旁邊找到），看哪些你有興趣的人出現在「正在跟隨」底下。在你想看見所有貼文的名字上點選訂閱。你也可以用你喜歡的搜尋引擎去發掘別人整理的主題列表。

・Twitter祕訣五：參與線上即時對談

在Twitter上參與即時對談很寶貴、好玩、生動。通常，像新聞機構或某個附屬團體主持Twitter聊天，通常是在規定的日期和時間進行。他們之前會先宣傳，這樣有追蹤他們的人就知道什麼時候可以參加。

從別人身上學習、建立你的專業，還有看看哪些是你可能建立關係的人。

Twitter聊天是很棒的工具。

「聊天」（Chats）有自己的專屬標籤（例如，#AppChat是有關手機應用程式發展，#DIYAnswers 有關居家修繕，#SLChat關於運動法律，諸如此類）。有些是長期每星期或每個月的交談。你可以在以下這個網址找到很多可以追蹤的聊天串

https://www.tweetreports.com/twitter-chat-schedule/。我最喜歡的一個標籤是#ACESchat，全是有關編輯要點，而且他們的網站很體貼地公布所有過去的聊天記錄（https://aceseditors.org/resources/aceschat)。這是個從他人身上學習的很好的資源。

‧Twitter祕訣六：用席捲式推文和新聞來表達你自己

席捲式推文（Tweetstorm）

有個相當近期的Twitter現象受到部分人的熱愛，本人也是其中之一。同時也讓另一部分的人厭惡，那就是「席捲式推文」（tweetstorm）——指的是關於特定話題的一連串推文，一則追蹤另一則推文，所以你就能在自己的信息流依序往下讀。許多席捲式推文呈現的是當前狀況的意見主張或來龍去脈，根據作者的個人經驗或專業。

這種席捲式推文就像一次發表一條推文，列出一張想法和事實的清單。雖然Twitter還沒有提供我們可以特別尋找席捲式推文或按分類收集的功能，但你可以替引發一整個系列的原始推文設書籤，先存起來，晚點再看。

我看過精彩的政治論述和個人故事，以及要求加薪該怎麼做、目前在柏林的新創企業的狀況等有用的教學文。

另一種席捲式推文則是娓娓道來的故事。當我撰寫此書的時候，在Twitter上引起熱議的是辦公室裡的「午餐小偷」的故事——揪出從辦公室冰箱偷走午餐的小偷的歷程。

這則戲劇化的史詩故事最後還真的上了新聞報導，更別說有許多人追蹤這位名叫柴克．托斯卡尼的說書人。該故事既爆笑又能引起共鳴，啟發了他本來的追蹤者以及許許多多新的追蹤者想出一些精彩的笑話。

Twitter的生態系統無遠弗屆，這種天天日常的席捲式推文可以傳得很遠，因為有一大票人會掃過這些訊息。

假如你想試試看引起席捲式推文，記住以下由「生活駭客」（Lifehacker）網站所提供的訣竅：「事先寫好你的推文串。然後確認你是不是有實現在一開始的推文所做的承諾。大聲唸出來；徹底編輯。從尾到頭，倒回去念一遍。修改。」發表精彩的席捲式推文，是一種展現個人風格，並且得到某些注意的好方法。

新聞（Twitter Moments）

Twitter新聞收集任何人可以在Twitter上所建立並發布的推文。這是一個收集各式各樣對於重大新聞或稀奇古怪之事的看法或反應，或是收集圖庫（比方，建立紅毯時尚、冠軍勝利、電影首映會為主題的「Twitter新聞」）。在你的手機上看到「新聞」，使用搜尋功能（放大鏡的圖示），在螢幕上往下滑動，閱讀歸類在「今日新聞」（Today's Moments）的新貼文。在網路上，點選頁面上方「新聞」（Moments）。你可以跟隨@TwitterMoments去看所有推文。

建立「新聞」是個表達你自己並留下記號的有趣方法，因為流行的「新聞」在網路爆紅。

注意事項

要有效討論Twitter及其功能時，那就不能忽略用戶在平臺上遭到網路霸凌或公開攻擊（通常為女性）的事實。

雖然這麼說令我痛心，但我以前的老闆很慢才發展出足夠的工具和支援，以相應的速度去即刻阻止這類事件發生。

我注意到幾個最近公布的功能很有用處：你可以直接透過應用程式，或是在網路上直接通報特定的推文或帳號；也可以把特定帳號消音、封鎖或舉發；去通報特定推文或直接告訴Twitter理由（你沒興趣、這是垃圾訊息或內容「謾罵或有害」）也很容易。假如你看到有害或謾罵的內容出現，我鼓勵你去追蹤後續並主動通知@TwitterSupport，並且也到Twitter幫助中心（help.twitter.com），尋找安全相關的有用文章並繼續通報問題。

視覺網路：IG

Instagram（簡稱IG）是一款在二〇一〇年所推出的影像分享應用程式，成為視覺藝術家和設計師、表演人士、名流，以及數百萬熱愛創作人士的園地，讓他們分享藝術、經歷、旅行和許多照片和影片故事。

自從Facebook在二〇一二年收購IG，其受歡迎的程度一飛衝天，Facebook在此投入的技術和創意支援，更使該平臺如虎添翼。

如今ＩＧ在全世界共有八億用戶。就像LinkedIn及Twitter，在ＩＧ發掘和追蹤與你無直接相關的人相當容易。對於某些種類的連結關係來說，這特別管用。

不像LinkedIn或Twitter，ＩＧ在持續對話以及深度書寫的內容上沒什麼用處。想看到完整工作職缺，或正式求職，這裡也不容易辦到，因為這些不是ＩＧ當初設立的原因。

我將ＩＧ納入這裡的討論，因為我覺得該服務在創意領域很熱門，他們很擅長使用這個平臺去展示自己的作品，與視覺創意的族群建立關係。換句話說，假如這裡對你管用，就應該成為你的工具之一。

ＩＧ最適合用於：

- 透過照片和影片來表達自我。
- 觀看及分享人們所喜愛的事物。
- 發掘品牌及創意人士，並與他們建立關係。

由於攝影及圖像對這個服務平臺至關重要，所以這裡是很棒的視覺自我表達管道，你可以用應用程式裡的圖庫或影片去創造故事。

設計師、攝影師、時尚品牌、名流和演藝人員全都善加利用此一服務。我問我在Twitter和Facebook上的聯絡人（大多數都不是設計師、造型師，也不是時尚達人），他們都是怎麼使用ＩＧ，尤其是我專業上的聯絡人。

每個人幾乎都說他們是純粹好玩，可以觀看、分享和欣賞個人照片。當然，Facebook買下ＩＧ不只是因為好玩；ＩＧ成為文化和風格影響力的重要符號，吸引大型廣告商和零售業者。

如影片廣告製作人萊恩・卡柯蘭所注意到的：「一個人的Twitter的重要性主要是由追蹤者人數來衡量；Facebook頁是按讚數，ＩＧ則全是你最近張貼的圖像——給予眾人在任何一個議題上當『關鍵人物』的機會。」

因此，假如你喜歡創作，想要把ＩＧ用來凸顯你的一些才能，將重心放在你自己的貼文，而且向你所追蹤並建立關係的風格大師學習。

・ＩＧ祕訣一：把遊戲變成創作

在ＩＧ上，品質真的很重要。這裡不是讓你張貼昨晚演唱會照得模模糊糊的相片的地方。

ＩＧ講究的是視覺呈現，無論是美麗的、戲劇化的，還是機智的內容。在拍攝照片和影片時花時間好好構圖，了解ＩＧ的篩選和效果，像是你可以下標、作註解、設計的功能，這樣你才能充分利用。至於影片：練習、練習、再練習。不論你張貼的內容為何，你說的故事應該要能讓大家秒懂。

・ＩＧ祕訣二：搜尋是你通往一切的入口

發現人、想法、產品和新帳號的最佳辦法，就是透過搜尋的功能。

你會看到上方出現ＩＧ最熱門領域的廣泛類別：「藝術」、「時尚潮流」、「漫畫」、「美食」、「電視與電影」、「裝潢」、「音樂」、「旅遊」等等。

另一個搜尋功能的重要特徵，對想以專業為主的使用者來說很方便，就是透過標籤（也稱為主題標籤）尋找的能力

你可以嘗試流行的關鍵字#jobs（工作）、#sales（銷售）、#design（設計），來

看看所有標註這些關鍵字或短句的貼文；一般的字眼，可以有上千則貼文。

隨便點選一張圖片，可以得知更多有關該帳號的資料。有很多公司也張貼「我們在招募」的視覺訊息，因為他們想要接觸到ＩＧ的使用者。

查查#wearehiring（我們正在招募）或#nowhiring（現在招募中），以及各種你在尋找時所看到的不同主題標籤，以取得大量結果。

當然，標註主題標籤的貼文的品質差異極大。搜尋的結果難以控制，在你深入之前不會看到有詳實資訊的簡介。搜尋功能也可以用來找到你認識的人，或想去追蹤的人。

・ＩＧ祕訣三：與你認識的人建立關係

社交網路的主要功能之一，就是可以把自己的通訊錄加到你所使用的服務，邀請朋友加入你，同時也去查看哪些你認識的人已經在使用該項服務。

ＩＧ的運作方式能夠如你所願，當然，用來與你的Facebook朋友連結尤其容易。從你的帳號設定，你也可以看見哪些非Facebook的聯絡人在使用ＩＧ，於是便能追蹤對方。一旦你追蹤某個人，你就可以傳送訊息（公開）；假如對方也追蹤你，你可以直接發訊息（隱私），和對方一對一溝通。

・ＩＧ祕訣四：與你發現的品牌和人建立關係

對數百萬人來說，ＩＧ是一個永不枯竭的靈感與樂趣泉源，是一種發現風格和潮流的簡單方式。瀏覽不同帳號，和那些你喜愛、有助於你獲得靈感的帳號建立關係。

透過ＩＧ和創意工作人士建立關係

以下我要講兩個我特別喜歡的故事，關於人們如何透過ＩＧ建立並維持關係。

首先認識一下艾麗珊卓・蘭。她是一位設計評論暨作者，總是在尋覓建築師和設計師的新作品。在一次透過電子郵件的訪問裡，她告訴我，ＩＧ是她緊跟新消息的重要工具。「雙年展、設計週、三年展多得不得了——沒有人能夠每一場都參加。

但是現在還有ＩＧ限時動態（Stories）功能，可以讓人清楚知道哪些展示最搶眼。」

艾麗珊卓從經常整理她所追蹤的帳號獲益。「建築師與設計師喜歡知道他們自己正在跟理念相同、以視覺去思考世界的人說話。我自已的ＩＧ帳號呈現出我知道哪些好東西，從我在旅行時所選擇去看的東西，到我在紐約市裡所注意到的片段，再到我去形塑建築和物品的方式，」她解釋。

她也使用ＩＧ來記錄潮流：「一個突然間爆紅的帳號、一個策展人與設計師蜂擁前往參觀、早已作古的建築師或歷史遺跡——你都可以在這些圖像之間看出意涵。」，了解哪些東西引起最新注目。

艾麗珊卓也在旅行時善用ＩＧ。分享新地點的照片，她得到「最盡興的參與感，就是有人看出我所在的地點——他們告訴我還有哪些地方可以去參觀，有人邀請我去參加活動、共進晚餐，諸如此類的事。」

假如你好奇一個妥善經營的社交媒體帳號能有什麼樣的影響，兩年前，紐西蘭建築師學院（New Zealand Institute of Architects）邀請她前去參觀，她說：「部分原因是我的社交媒體。他們想要找人向美國及全球觀眾展示他們的現代建築有多傑出。我後來寫了報導，但張貼在社交媒體上的照片所能觸及的對象更多。」發展這種有收穫的聯絡關係的關鍵，部分就在於你意識到自己在ＩＧ上的活躍及提供資訊。而且，在你其他的社交帳號也是一樣。

如艾麗珊卓所說：「有很多在ＩＧ追蹤我的人大概從來沒讀過我寫的作品，但他們知道我在宣傳值得去參觀的事物。」

下一個故事，再來看看我在第三章所提過的商業創意顧問伊恩・桑德斯。在一次電子郵件通訊，他詳述了ＩＧ的跨界價值：「我愛ＩＧ！這是一個我不用過濾自己該張貼什麼資訊的園地，我沒有打算賣東西，我沒有管有哪些觀眾在看。在ＩＧ，我就是做我自己。」

伊恩補充，這裡也是他維持重要專業關係的地方，並提到這段故事：「桑雅和雪倫在英國布里斯托經營一間行銷公司。我們三人追蹤彼此的ＩＧ帳號。我上週跟她們碰面，一起走走聊聊。我們已經大概一、兩年沒見了，但是在ＩＧ的聯繫，表示我們在自己的生活開扇窗，彼此都能窺看。

少了ＩＧ上的聯繫，我覺得我無法了解她們。而我們的專業關係感覺起來也不會一樣，會少了深度。」

假如你還沒開始用ＩＧ，我鼓勵你去下載應用程式、建立帳號，在上面到處轉轉、感覺一下。或許對你的人脈經營而言，這裡不像其他服務一樣重要，但仍舊可以是你的兵器庫裡的有用工具。

後設朋友：Facebook

假如你跳過前面來到這部分，可能會納悶，為什麼身為最大的社交網路平臺的Facebook，竟然不是你可以用來與其他人建立關係的工具排行榜冠軍。Facebook一看就是重量級工具，但就某方面而言，就我們的目標來看卻是最不適用的工具。

雖然你有可能用來和陌生人發展有意義的關係，但Facebook的設計目的並非特別用於此處。

它讓你在該環境之下，選擇並與朋友家人建立關係，即便今天你真的可以有高達五千位的「朋友」關係。沒有人在真實生活裡真的有五千位朋友。皮尤研究中心（Pew Research）取美國成年人的Facebook朋友數量的中間值，認為是在兩百位。

因此，建立有意義的關係，Facebook多半不是你的第一站。但它的確為此目標提供幾項重要功能。假如你在Facebook已經很活躍，那麼善用你的朋友圈，詢問他們工作意見、消息和引介。

從我數十年的數位服務經驗來看，我發現關於專業主題的訊息品質差異很大。不像LinkedIn一樣集中，不像Twitter一樣公開，而是偶爾有幾個你在真實生活裡認識的人，或是有名聲的人一起加入會很有用處。

假如你在推廣一門生意或是一項產品，你可以在Facebook成立粉絲專頁。這是一個公開的地方，任何人都能透過搜尋的方式找到，而你也可以在此管理和追蹤記錄參與。你不必與你的粉絲頁追蹤者有直接關係（他們追蹤的是粉絲頁，不是你的私人頁面）。

另外，假如你想把你的私人時間軸上的更新消息，分享給與你連結以外的人知道，你可以選擇讓那些人追蹤你。那樣的話，任何一個在Facebook上的人（不只你的朋友）都能在他們的「動態消息」看到。

我在二〇一八年的春天撰寫此書，在長時間的仔細檢視，以及針對Facebook如何管理並追蹤你的個人資訊所做的非常公開且持續進行的討論。

務必確保你熟悉所有最新的隱私設定，以及限制你的個人資訊的使用。假如你想要調整你的Facebook活動來有助尋找工作和建立專業關係，最有用的功能可能是「社團」（Group）。你可以在你的Facebook首頁上方點選「社團」，然後搜尋。

Facebook社團的獨到特色

- 公開（Public）：任何人都可以加入公開社團。社團細節，包含所有貼文，在Facebook上的任何人都能完全找到。某些公開社團有上千名成員。
- 私密（Secret）：你必須受邀才能加入。私密社團（以及成員名單）不會出現在搜尋結果裡。

探索最適合你加入的社團，需要做一點調查。我所加入的一個社團有上千位成員，因為規模太大而無法積極參與。我的確有閱讀裡面的貼文，了解一下大家在討論什麼，但我不太發表意見。我也有參與幾個私密社團，其中成員都很少，所以很容易參與，發表我的看法。如同所有各種規模和話題種類的論壇，你想要在參加時深思熟慮並專注其中，因為你所發表的言論會一直在那上面。

社團參與基本規則

說到以職涯或行業為主的網絡社團，了解一下該社團的規則有其必要，尤其若這是一個大型、或絕大多數成員彼此不認識的社團。以下是幾點好好玩社團的建議：

- 記住，大多數社團都不是即時運作——等人回應需要花點時間。不要主導任何對話、回答每一個問題，或是把自己放在每一個話題的中心。你的發言大家會聽到膩，還可能會把潛在的聯絡人嚇跑，對方可能會認定你不合群，或是太自我中心。
- 社團常常有針對機密的規定，尤其像可能會牽涉就業狀態和健康議題的個人題目。尊重他人及他們的需求，謹慎周到。

- 「有用」才是重點。一長串「我也是」、「我同意」之類的訊息無法提供更進一步資訊，社團就會變得很無趣。用你的故事補充、提供一篇相關文章的網址連結，提出能幫助其他成員的具體建議。

你可能是其他提供人際關係連結的服務的愛用者，就算人際交流並非這些服務的主要目的。商業交流工具Slack指出，雖然這是用在公司範圍內的溝通，你還是可以觀察你不太認識的人，從他們身上學習並做出貢獻，也能開啟私人交談。

類似的狀況還有像是在Reddit或Quora上的討論和社群，你也可以透過這裡與你不認識的人建立關係。

假如在你投入之前，了解這些服務的環境與使用方式，那麼依照你對這些服務的興趣和喜好程度，將之通通拿來混合你的人脈。

LinkedIn、Twitter和ＩＧ的服務普遍、效能廣泛，因此我認為，要維護你的關係與興趣，這三種最可能成為最有用的工具。

在你的工具箱裡有任何一種，或是以上全部的服務，你便能在你有興趣的領域裡，參與當地和全球的對話。無論你是在思考職涯發展的下一步、找尋靈感、與你的住家附近和社區保持消息，或者單純只是找一位老朋友——以你自已的速度和個人條件——你都能找到支持、點子以及與其他人的連結關係。

外面是一個巨大嘈雜的世界。我希望這些祕訣能讓你把喜歡的平臺功能發揮到極致。在建立人脈上，尤其我們這些討厭建立人脈的老派方法的人，更是覺得這些平臺的資源豐富，難以計量。

7 無壓力參與

全球集體對連結關係的渴望……創造出一種新的狀態標記：跟隨者、按讚，或者把你「加為朋友」的人數。

——《紐約時報》文章〈跟隨者工廠〉（*The Follower Factory*）

無論是想要擴大聯絡人名單、打造一個智囊團，還是想要進入一個新領域或找新工作，假如你沒有嘗試在線上建立簡單的連結關係，就會錯失良機。

只要具備正確的態度和風格，這種無壓力參與就是你打造人脈的祕密武器。

除非你已經過了好一陣子穴居人的生活，否則你大概有注意到「內容」一詞，已經大舉取代所有我們以前用來說明各種自我表達形式的詞彙，從寫作、照片、影片到電影和電視——甚至連網路本身都是。

現在，「內容」的涵義包羅萬象，用來形容各種所有我們在網路上看到、製作和傳遞的事物，是會讓我們嘆為觀止，並且和朋友分享的東西。我不喜歡這個詞，因為所有我們喜歡的豐富而有創意的輸出，全被這個詞搞得冷冰冰，全都一個樣。

儘管如此，你還是避不開它，而這背後有一種普世概念，就是我們人類喜歡觀看、瀏覽、閱讀、傳遞我們所熱愛或討厭的東西。

好消息是，我們或多或少都各自發展出應對螢幕中沒完沒了串流內容的方法。

不論你採用什麼方式參與，你不需要把注意力通通引到自己身上，也可以達到有效的回應。你可以自行掌控。而且，這種去選擇自己所創造、分享、回應內容的能力，就是你打造自己人脈的祕密武器。

分享我的專業和想法，而不用害怕這麼做會太出鋒頭（對任何一個自重的內向人來說，這是一件討厭至極的事），我花了六十多年的歲月才在這兩者間找到平衡。

線上世界是內向人能獲得極大好處的地方，在這裡，我們可以隨心所欲，安靜地表露自己，去獲得別人注意及連結關係。

有時，我反而認為網際網路是為了我們這種討厭跟大家熱絡互動的人所創造的。假如你在寫作、攝影、評論和說內心話等方面很有一套，那麼即便你待在螢幕後面，仍然可以大方向外展現自己。

還沒準備好之前，你甚至根本不必出門！各領域和業界的優秀人士幾乎都在網路上。對我們這些不喜歡擁抱群眾的人來說，這豈不是太完美了！

不只有內向人才會把時間花在網路上。當我在二〇一八年寫下這些文字，皮尤研究中心（Pew Research）發表一篇報告，指出百分之六十九的美國成年人使用社群媒體平臺，這項數據橫跨所有人口統計和年齡族群。

使用這些服務，去表達你對各種公益、興趣、新聞、娛樂和資訊的欣賞、討厭、支持或興趣，從來沒像現在這麼簡單過。這些服務也能支援你的鬆散連結習慣，是與別人交流想法並建立關係的最佳方法。

在網上友善潛水的精緻藝術

我們現在所身處的線上及社群媒體環境發展過快，即時新聞和各種政治口水滿天飛，因此我很能同理在網路上潛水的想法。

閒聊和意見發表的音量之大，你不想被捲入其中。或是在工作、家庭和學校之間，你的生活不用加入網路論戰就已經夠你忙的了。

但是假如你是位嚴格的「潛水員」，也就是那種只讀別人所發表的言論，自己幾乎或甚至從未公開對貼文表達意見，那麼你就錯過了兩件事：

一、你想產生連結關係的人會很難找到你，因為你沒留下明顯的足跡。而且假如他們找不到你，他們又哪來想與你產生連結關係的動機？

二、你錯過了一種無壓力的自我表達方式，無論你多喜歡安靜都好。

我知道不是每個人都適合在網路上作表達，尤其是當你第一次踏進網路社交時。

作家暨編輯潔絲・齊默曼（Jess Zimmerman）用一句很棒的話「善意潛水」來

建議大家重新看待網路社交：「假如你潛水一陣子的話，看著有哪些論點出現、怎麼進行、又是誰發表的，你總是可以有更好的貢獻、學到更多、讓自己少出點糗。」正如她所注意到的，網路世界反映著真實的人生：「在離線的世界，『社交生活』的意思很廣，從經常閒聊到安靜的陪伴。**媒體可以保有社交性，但不必非外向不可，記住這點很重要。**（這句是我自己強調。）可以的時候就潛水一陣子吧。」

試水溫

假如你不太願意在網路上多談點自己的事，或是才剛起步，最簡單的表達方式就是按「讚」或是給個愛心符號，還有不發表意見就直接轉傳。這些也都是你表達自我的方式，可以發展你的風格和個人檔案。

這些行動能夠幫你看出自己的網路表達風格為何。只要花一點點力氣，光用幾個字，甚至貼個表情符號或梗圖，都能表示你的欣賞、支持、討厭、感興趣等。

內向人尤其可能不願意直接加入，因此這種試水溫的方法很簡單。

我花了好幾年時間才在推特和臉書上做好暖身。起初我常常潛水，現在像在Slack這類的環境裡也依然做同樣的事。加入人家已經成立好的社團。當你分享或轉貼喜歡的內容，即便只是加上一句短短的「這讓我很開心」都能讓別人了解你，比起沒有留下意見來得好多了。

人回應人。人欣賞同好，而且想要和同好變得熟稔。也請你記住，你永遠都有時間去仔細思考你想說的話。把這件事當作是你在通信上加上一句短短的後話。

會對此感到彆扭的人，試著對你所關心的公益行動加個意見來以示支持；運動賽事失利、瘋狂的天氣變化或新聞報導裡的流行文化人士，加入討論這些話題的行列。這些在公眾談話是可以討論的對象，而且不必大肆批評，也無須透露太多私事。

試試看：研究你的自我表達

對自己喜歡的服務，以及在每項服務上所說的話、所做的事建立完善的模式，我們很多人已經感到自在。但是你的表達會呈現出你是什麼樣的人。試試看以下這個五天練習來發現自我。

- 一天做五次表達，包含按讚、按愛心符號或其他表情符號，或是在你轉發的推特推文加上個人意見。一天內的發表量，一定要控制在五次以內。是什麼樣的原因驅使你去發表意見或分享？
- 將一天五次的表達用在你認為有價值或時效性的事上，而且不光是做出「呿！」或「喜歡」這種支持而已（誰不喜歡動物影片？但明天還會有更多動物影片）。
- 連續五天追蹤自己的表達。當然，你可以略讀或是觀看更多東西，但是只能對五項事物有所反應。
- 你所收集的二十五項意見表達透露出什麼？你全都用在笑話、寵物或政治圈嗎？別人看你所表達的內容、做出的行動，他們可能會怎麼樣形容你這個人？你可能會發現自己最常對幽默和流行文化有所表示、專業的教學影片吸引你的目光，或是你就非得分享運動盛事不可。

這個練習是從他人的角度來看待自己，並評估你是否能抓到自己想呈現出的樣貌。假如有人看了我的推特串流（我承認我太活躍），結論可能是我喜歡諷刺幽默、太熱中美國政治評論、熱愛狗狗的照片，以及是一個數位文化怪咖，那真的是滿貼切的形容。

這個練習或許看似微不足道，但是了解你在社交檔案裡給別人什麼印象很重要，因為那常常就是別人對你印象最深刻的地方。而那樣的印象會吸引他們想跟你產生連結或是走開。這一切都是由你來創造。

你的社交檔案風格

如報導所述，我們現今所處的時代，高達百分之七十的招募經理會在社群帳號上審閱和考慮可能的雇用人選。你要怎麼用一連串的線上活動軌跡來展現你這個人？

這裡沒有一體適用的通則；至少你在社群媒體上出現，有一半的重點就是要表達自我。

然而，假如你的重點是在職涯發展、找工作以及專業上的發展，你可能會更留意自己要展露什麼給全世界知道。在一項《哈佛商業評論》（*Harvard Business Review*）研究，商業教授艾芮恩・奧利耶・馬萊特雷（Ariane Ollier-Malaterre）以及南茜・P・羅思巴德（Nancy P. Rothbard）調查了數十位專業人士，揭開四項營造線上人格的獨特策略。首先，他們請作答人描述「自己最自然的線上行為」，從這當中，兩位學者得出四項如何表現線上自我的策略：

- 觀眾：個人和專業的帳號要分開；個人帳號是非常隱私的。
- 開放：真實和透明最重要；你想到什麼就發表什麼。
- 內容：只貼出「經過謹慎考慮」能反映專業的內容。

- 客製：為特定群體、觀眾、清單量身打造訊息，並替內容分類。你決定要怎麼做、如何展現你自己，有很大一部分端看你此刻所處的生命階段、目前的職涯，以及你希望達到何種專業目標。一位表演人士比起律師有更多發揮空間。關鍵在於你覺得什麼寫起來真誠而且好玩，以及哪種風格能符合你自己的目標。

我知道顧問專注在他們的貼文以及分享的內容，企業員工則是不斷炫耀。現在你已經對你的自我表達做了五天測試，並吸收上述對於在網路上如何展現專業的一面的建議，我們現在就來看看最熟悉的貼文風格，以及要如何善加利用這些風格來達到經營人脈的目的。

・極簡主義者

這類人傳遞東西（從硬性新聞到經典故事，再到瘋狂轉傳的影片和梗圖），只附上一點點意見或甚至什麼都沒說；對於所送出的內容、要送出多少資訊通常採選擇性。這種方式對於維持你和弱連結之間的關係很方便——寄出你認為對方會有興趣的文章和內容。

分享有關廣泛領域興趣的有用資訊來建立連結關係——例如，多元性和包容性，工作的未來、內容品牌（content branding）等。

・評論員

這些固執己見的人感覺很想對各種事情大書特書自己的看法。你絕對很熟悉這種憤世嫉俗的評論員，但也有好心人和搞笑的人，想把他們對顧客服務（尤其是不好的經驗）、企業責任和其他有關商業與社會的看法告訴虛擬世界。

假如你想要發聲，在你有專業地位的服務平臺上，對於你所分享和發表的內容要採取有策略的做法。

以充足的實用資訊，在你所見到與商業政策和執行有關的事情上表達意見，以此來建立連結關係。

・啦啦隊

有人熱切分享好消息、暖心故事和許多令人驚艷的時刻，讓人暫時放鬆一下。這些內容向來是積極正面的，也可以輕易地融入你專業的那一面。

分享業界令人亮眼的消息、感謝獎學金、建教合作課程以及有效的社區事務計畫，以此來建立連結關係。

你的貼文及按讚都很重要

假如你納悶這類自我表達到底重不重要，我保證那些在你圈子外的人會因此看見你，理由至少是以下其中一個：

一、招募人員、獵人頭公司、為各地學校和各種工作挖掘人才的人總是在看人，看那些他們見過的名字，或是透過搜尋所得到推薦的名字。他們也不會只看LinkedIn。（給那些想避開的人一句話：根據以上所引用的由CareerBuilder網站在二〇一七年所做的研究，有百分之五十七的招募人員比較不會去面試他們在線上找不到的求職者）。

二、假如你想讓大家知道你是萬事通，無論你的領域是烹飪還是人工智慧，再怎麼少的公開表達，都能強化或推翻這種形象。注意自己發出的訊號是件好事。在找尋講者、顧問或可能聘用的人，不需要只展現一種專業重點——但要是你的確想運用社群媒體來營造人脈，你的一個或多個個人檔案不應該與你的抱負和想望看起來不相符。假如你夢想成為大家都知道的王牌活動籌畫，你的線上活動應該至少證實你能在壓力之下把事情做完。

別無視表情符號

打從蘋果電腦在二〇〇八年首次在iPhone上推出第一組表情符號功能，表情符號開始為人廣泛使用，成為絕佳的輕鬆視覺詞彙，可以拿來加在你想分享的內容上。

- 有創意的標點符號。寫過網路如何擴大並改變語言的風貌的語言學家葛瑞琴·麥柯拉克（Gretchen McCulloch），形容表情符號是「有創意的標點符號」，替我們的表達方式增添色彩以及一點人性：「你會覺得雙手被綁在背後，用單一聲調交談很怪，但那正是以平凡的標準英語去傳送簡訊。」

- 當文字不夠用。最近發表的文章〈快公司〉（*Fast Company*）指出，即便在商業環境裡，文字永遠不夠：「習慣遠端工作的團隊不會老是有幽默的典故或諷刺的機會，有很大部分的原因是他們只認識數位上的彼此。所以難怪我們普遍依賴表情符號去嘗試表達個人情感。」
- 交談更親近。雖然表情符號通常是屬於社群媒體和簡訊的領域，用非正式但能清楚理解的表情符號，是結束一串電子郵件的有效方法。

這不是數字遊戲

在二〇〇八年初，一篇刊登在《紐約時報》、標題為〈跟隨者工廠〉（*The

Follower Factory）的專題報導，作者發現「世界集體渴求連結關係，不僅重新形塑《財富》雜誌的世界前五百強名單、顛覆了廣告業，也創造全新的狀態標記：追蹤人數，或是把你『加為朋友』的數量。」

當我談到線上參與，你可能會假設我接下來要勸你增加追蹤人數。我才不會做這種事！廣泛使用社群媒體已經產出一大堆教學文章，一群有商業目的的生意去幫你「增加追蹤你的人數」，這樣你就能成為一位擁有活躍「互動檔案」的「網紅」。

這種特別緊盯追蹤人數的現象，也讓一些大型全球產業去購買人頭帳號來追蹤你，幫你的數字灌水。《時代》雜誌有篇文章形容是「社群媒體詐欺的全球社交市場」。為何有人要做這種事？為了要提升他們的形象、知名度、常常還有他們的生意興趣，去增加他們的影響力，以及在許多例子裡，幫他們賺更多錢。

惡意網路機器人（bad bot）的興起——這是設計用來進行惡意任務，如竊取內容或在線上討論廣發垃圾訊息的自動軟體——只會增加詐欺和混淆。

當然，變得受到矚目是美事一樁，但聽我一句：永遠絕對不要為了追蹤人數來購買人頭充數。在追蹤人數上灌水的虛假行為（而且Twitter、Facebook或ＩＧ定期移除假帳號的時候，你的這種行為很可能因此曝光），以及若有拙劣的演員假扮你的安全風險，做這種事很不值得。

比起收集一群「崇拜」你的虛擬群眾，你向世界所公布的內容品質更重要得多。假如你所做的事有價值，而且能打動人心，必然會受到注意。

培養別人的注意，並且隨著時間過去，建立起一批追隨她的群眾，達薇塔．萊德莉是個很好的例子。她成立「健康專家」（The Healthy Maven），這是一家線上媒體，吸引讀者、聽眾和收視者到她的部落格、播客、推特（五千兩百位追隨者）、Instagram（四萬三千八百位粉絲）以及YouTube頻道（八千八百位訂閱者）。

我尋找網紅，希望能找到似乎不執著於數算跟隨者人數的網紅。她沒有令我失望。在一篇標題為〈在線上打造一個真實品牌的緩慢事實〉（*The Slow Truth to Building an Authentic Brand Online*），萊德莉寫道：「我認為，納悶為何一張照片比另一張照片得到更多按讚數，或是為什麼沒有人發表意見，陷入這種疑惑是很容易的。我的朋友，那可是浪費大把時間啊……就像你讓自己的生活充滿虛假、不真誠的關係一樣，別對你的線上世界表現加諸不實際的壓力，只為了愚蠢的按讚數。」

真正的品牌還是你自己

商業大師湯姆・彼得斯（Tom Peters）在他一篇於一九九七年發表、標題為〈名為你的品牌〉（*The Brand Called You*）的知名文章中，描述一個我們現在已經熟悉的觀念，就是我們每個人應該如何為自己打造出個人獨立品牌。

現在重讀這篇文章很有教育意義，比起二十年前甚至更貼切。雖然彼得斯當時寫的很多例子已經逐漸改變（你現在更可能因為在線上發聲而成名，而非投書在地報紙），但他當時所談的跟我現在講的是同一件事：用適合你的方式，將你的技術、天份、價值昭告天下。在那篇早期的文章裡，他說：「好消息是，幾乎每個人都有機會出類拔萃。每個人都有機會去學習、改進、打造他們的技巧。」

你能出類拔萃的機率，並非因為你購買追蹤你的人頭，或是拚了命高度「互動參與」。我沒辦法說得比彼得斯當時所說的更好了：「你的朋友、同事、客戶、顧客建構出你的人脈，這是你所擁有最重要的行銷工具，對你這個人以及你的貢獻，他們的評價就是市場對你的品牌價值的最終評價。因此，打造個人品牌的最重要的訣竅，就是找到呵護人脈的方式，並且有意識地加以維護。」

今天，默罕穆德．桑尼（Mohamed Zohny）以彼得斯的想法為基礎作進一步延伸。他主導惠普（HP）在歐洲的社群媒體，寫了一份很有助益的指南，內容關於創造真實正宗的線上形象，並建議最佳的方法就是「持續發表、持續學習，並持續改進。」換句話說，給你、我，以及各式各樣內向人的好消息是，其他事情比數字更為重要。我認為良好的社群媒體經驗的準則如下：

- **優質的聯絡人**。只有你能決定哪些你認識的人或點頭之交可以提供真正的品質。他們見解獨到、樂於助人，主動提供幫忙、有幽默感——這些都是你「衡量」聯絡人的方式。我知道誰最有可能提供一個經過深思熟慮且詳盡的答案；誰會寄給我證據及研究；誰最有可能用表情符號回應。我重視每個人，但個人風格決定了此刻的價值。我不認為是優質、也不會回頭去找的人，指的是那些從來不回應或慰問、經常提出「但是」的論點來反駁，以及拋出輕率或苛薄意見的人。

- **格調參與**。這條規則應該聽起來很熟悉：你想要別人怎麼和你互動，就以同樣方式和他人互動。其他人也跟你一樣都花功夫。幫他們一把、致意、道謝、簡單幾句感謝。假如你受到啟發去更進一步發表意見和分享，就去做吧，因為在你需要的時候，這很有可能幫你得到別人支持。
- **明智注意**。我們沒人能夠記住在螢幕上稍縱即逝的一切，所以，在你主動聯繫你想聯絡的人之前，先去檢閱一下對方的最新訊息。例如朋友的父親剛過世，你就不會傳送太開心的訊息給該位朋友。或者，在比較沒那麼嚴肅的狀況，花點時間注意一下，這樣你就知道想要引薦的人其實正在進行為期數週的旅行。

假如你一直都有在追蹤聯絡人，並且好好照料你的人脈，你便是把氣力花在對的地方，剩下的就簡單多了。

8 電子郵件仍然是最佳應用軟體

電子郵件其實是一種巨大、分散管理、公開的平臺……在被社交網路和信息服務包圍的園地內，這是片令人驚喜的自由風景。

——艾歷克西斯．馬德里戈（Alexis Madrigal，新聞工作者）

我們已經談了經營人脈的好處，以及保持鬆散聯繫所需的方式。現在我要告訴你，有種簡單而且門檻不高的方法，可以去培養、維護並管理你與許多人一對一及變動的群體關係。

沒錯，就是利用電子郵件，這項我們又愛又恨的現代便利產物。我們一直抱怨必須瀏覽過多的訊息、收到太多垃圾郵件，永遠更新不完……能抱怨的點可說是要多少有多少。

當今出現許多應用程式取而代之——簡訊、語音辨識應用程式、社交網路、團隊合作工具Slack——但是，正如《大西洋月刊》（*The Atlantic*）的作家艾歷克西斯・馬德里戈寫道，電子郵件仍舊是「網路蟑螂」。這句話可是讚美。

電子郵件是早期網際網路剛發展時設計的，不論使用者的線上架構或服務，電子郵件都是標準配備。假如你可以善用電子郵件，這依舊是私下或對一群人傳達資訊的方式。甚至連續創業家伊隆・馬斯克（Elon Musk）都是愛用者：他曾在一次訪談中表示：「我很愛電子郵件……我都盡可能不要同步聯繫。」

也就是說，「不即時」是電子郵件最棒的特色之一。

本章要談的不是整理電子郵件的專門工具，或是怎麼清理收信匣。我想用各式各樣的例子來告訴你，該怎麼把電子郵件當成幫你與人脈之間保持聯繫，以及認識新人的小工具。認識人、回應、收集情資、揭露事情、讓所有人一目瞭然，電子郵件幫你在這些事情上省去許多繁文縟節與等候時間。

什麼時候不能只用電子郵件溝通

假如你已經對著自己的收件匣唉聲嘆氣，我們先把醜話說在前頭：把電子郵件當工具，在真實世界中是有限制的。

有時最好用電話、面對面會晤，或甚至是用傳統寫信的方式來解決事情。以下是一些最好遠離螢幕的時刻：

當重要且有時效的請求信得不到回應時（先確定兩個因素都成立）。留下電話語音訊息或傳簡訊，或許可以不讓你的訊息受限在收件匣。

有很多人要做決定的時候，或是需要即時更新的事項（例如：我們是不是需要碰個面？我們要在哪裡碰面？我來不及了）。當用電子郵件受限時，可以傳訊息，或是用像是Doodle這類的群組排程程式。

用電子郵件就是看不到任何結果。不可能用這種方式解決事情，所以就停止用電子郵件來回討論吧！建議相關人員改採面對面會談或電話討論。

遇到危機，嚴重違反禮儀、魯莽的冒犯，或是改變人生的重大事件（婚姻、生育、死亡、離婚）發生在你和你打從心底在乎的人之間，用紙筆寫信寄出，好好關心對方一番。絕對不可使用表情圖案！

用電子郵件來經營人脈的最佳方法

現在來仔細看看電子郵件到底有多厲害，能幫你與其他人產生直接關係。每種訊息都有應對的公式，也都是門藝術。包括介紹、幫忙，或只是提供訊息給對方參考。

・介紹

你認識值得為了特定原因碰面的人；你為了特定原因想與人見面。因此，我們不斷有介紹的需求，作為流動而且正常運作的人脈的關鍵。

有時，你是透過第三者請求，而產生連結關係的「求見者」；有時你是「被求見者」，是兩個人之間的連結者。就算我們把協議這場介紹僅限於做生意或專業與趣，還是得透過網路上的虛擬世界。人們建立連結關係的最普遍方式之一，就是用電子郵件介紹。

當你是被求見者，也就是別人請你幫忙介紹，我鼓勵你多多答應對方，不要老是拒絕，因為你自己將來也會有需要（也有拒絕這類請求的時候，我們待會會看到）。

對這類請求敞開心胸，其實更能創造良好的因果循環，這是對待他人的寬容之道。每個人都需要幫忙，都有需要別人拉一把的時候。

假如你覺得自己的人際關係還不錯，何不與他人分享？畢竟，這種隨性的關係很可能會帶你前往新天地。思考一下自己能做什麼慷慨行為，並且付諸實行。

以下要說的故事是關於引介的意外好運，還有一個微不足道的舉動，到頭來卻有其意義。

一年前，我跟一位在工作上認識、我不太熟的女子去喝咖啡，姑且就叫她珍吧。她當時剛離開在保全公司的通訊職務不久，想告訴我她找工作的最新近況。我到的時候，碰到珍的朋友瑪格麗特也在那裡，她起身要離開時做了簡單的自我介紹。瑪格麗特跟我稍微聊了一下，在她離開時，我們彼此交換名片。

大約一年後，一位新創公司的客戶向我打聽消息，我想起瑪格麗特的專長，於是便向對方推薦她。瑪格麗特跟我聯絡，她不敢相信，我們簡短的碰面竟會帶來潛力無窮的商機。

老實說，我不太記得那次會面，但我的確記得瑪格麗特專長的領域，也在LinkedIn很快查了一下，覺得她的經歷符合該間新創公司的需求。整個交流相當順利，我很高興能促成兩個有相關興趣的人認識。

基於各種職業上的理由，人們會想要尋求引薦：想對一間公司、一所學校或是一門行業有更多了解；聽聽看別人的跨國工作經驗或更換職涯跑道。

有時介紹請求有時間急迫性。例如當求見者對某個職缺有興趣，在應徵或是前往面試前已經做了些準備。蘇在看一個特定的谷歌公司裡的工作，而我不認識的羅蘋在升官之前做過同樣的工作，我讓兩個人連絡上。這次碰巧的介紹幫助蘇準備面試過程。我唯一的想法就是蘇應該認識一下羅蘋，因為羅蘋以前在該領域工作過。

有時請求介紹並沒有什麼期限，比較像是互通訊息的聚會，或是在明年的正式會議前先出來聚聚。最後的結果可能是通電話、喝杯酒或吃頓飯、互寄電子郵件，又或是介紹給某個更熟悉眼前問題的人。

不過，無論是特定或一般請求，真的都不要緊。請求介紹是可以的，大多時候，回覆應該是「好」，或是「不如這樣吧，我介紹你認識一位比我更懂這件事情的人」。

．奠定基礎

檢查過你朋友的請求之後——順帶一提，這應該只需要一封電子郵件或是聊一下就夠——假設建立連結不會讓你不舒服，我們來看看你可以怎麼做。

首先我來強調兩項基本規則：

一、千萬別同時發出太單刀直入的內容給雙方，這麼做太冒昧了。

二、千萬別把聯絡人的電子郵件地址交給求見者，由他們自己去和對方聯絡。

在第一個例子，你很可能無意間犯下惹惱聯絡人的風險。

也許對方的電子郵件是私人的，或許對方常常被拜託，不勝其擾；或許他們跟你沒那麼熟，又或許對方自己正在趕案子、旅行、自顧不暇……諸如此類。

第二個例子，你可能會搞砸你跟你不認識的人的機會，只因為他們不喜歡接到陌生人來信請託。

我們現在來更仔細檢視一個建立連結的例子。以下是一封短信，看看你的聯絡人是否能接受介紹。

主旨：問候及介紹

嗨，某某人（只寄給被請求者），

上個月在＿＿＿＿會議見到你很開心，雖然只匆匆寒暄幾句。我真希望我們有更多時間前去拜訪。

或是

距離我們上次見面已經過了太久。我很想聽聽你的最新近況，除了向你問候之外，我寄這封短信給你，是想問問看你是否願意和我的朋友汪達・萊芙賽拉特說幾句。她是名＿＿＿＿（職業或角色），想要跟你（見個面、寫信、打電話、得到你的回覆），因為她正多方了解＿＿＿＿（一個新的職位、新公司、新城市、學校），當然我一下就想到你（因為你的知識／人脈／特定的關係）。汪達是個（風趣、獨特、聰明、機靈、有熱情、適合貴公司……）我想你跟她會聊得很愉快。

假如你告訴我可以幫忙介紹，我之後會提供資料。假如不行，或者時機不對，我也了解。倘若如此，能否請你建議還有誰可以跟汪達談談？

先謝謝你了。我真的很感謝你的幫忙。

這封短信做到以下幾點：

- 在開頭用一點真誠的閒聊，重新建立你與被請求者的關係，表示你知道或想知道對方的近況如何。第一個重點在於你的聯絡人而非你的請求。
- 提到特定理由和來龍去脈，讓對方考慮這次的介紹。
- 替請求人擔保。但假如你無法保證，就別開口問了。別讓你自己的名譽受損！

- 表明立場。若沒有取得被請求者的同意，一切都是白搭。
- 給收件人一個保留顏面的機會，讓對方把你介紹給更合適或更有時間的人。

我每星期都會寫不少這樣的短信，我很幸運，幾乎都得到肯定的答覆。那是因為人們知道我的為人，知道我已經篩選過人選和請求內容，而且我的目標只是建立相關且有用的關係。

即便如此，我有時還是沒收到回音。假如我跟被請求者很熟，知道他們正旅行在外，或是離線——但是很可能會答應——我會重寄一次原來的信，並且在最上面的地方簡短附上一句「不知道你是不是沒看到這封信，謝謝你考慮」。偶爾對方會因為我多催促一下而說謝謝。

假如我收到「不在辦公室」的自動回覆，我建議請求者晚點再試試看；若是有提到回來的日期，我就讓請求者自己在該日期之後的一兩天提醒我去追蹤後續。

．完整做完介紹工作

得到肯定回覆後，以下是一個將請求者與被請求者聯繫起來的短信範例。

主旨：介紹戴爾與艾文（這樣方便兩人之後尋找）

副本：艾文（請求人）

戴爾（被請求人），再次跟你打聲招呼。

感謝你願意跟艾文聯繫，我把他加在副本收件人。如我先前所述，他對於在BigCrop的職缺有興趣，我跟他說過你是最好的資源。此外，艾文跟你一樣對單人脫口秀很有興趣，應該會讓你們的交談更愉快。

再次感謝。

因為你已經跟雙方建立聯繫，所以只要寫封短信就好。運氣好的話，兩位聯絡人會把你移至密件副本的欄位，這樣你就再也不用去追蹤他們的時間安排，你的工作已經完成。

透過電子郵件的方式，你可以做到讓每個人對於跟他們不認識的人見面或談話感到舒服。而且，當然再次感謝被請求人很重要，對方送給你的禮物，就是他的時間及專業。

順帶一提，我不是唯一特別注意電子郵件介紹規範的人。彭博社風險投資公司（Bloomberg Beta）的負責人羅伊・巴哈特注意到一個有趣的地理變化：「美國東岸與西岸、科技業與其他行業的的不同工作文化不斷令我驚訝；這種差異甚至延伸至介紹方式。加州式的介紹以及各地的科技業介紹方式，多半比較短、沒那麼正式。紐約市介紹，或其他行業（或非營利組織）的介紹通常則比較專業。」無論你身處何處，電子郵件與介紹的規則也適用；應該根據你所接觸到的人來改變你的風格。

・牽線

牽線經常不光是用短短幾句話，把一個人介紹給另一個人而已。這是更針對性，並且常有截止期限的介紹。你甚至可能需要後續追蹤，假如你是當中間人幫忙雙方連絡的話。牽線可以與很多事有關，像是：

- 要求面試（媒體、研究、情報）。
- 為了入學或求職而尋求推薦。
- 支持非營利的公益目標（參加活動、捐獻、宣傳消息）。
- 支持請求者（例如，提名或投票給講者、活動或董事會）。
- 為客戶生意或獨家活動建議或推薦聯絡人。

我們來看看「牽線」狀況的兩邊，從你答應做人情的時候開始。當有人聯絡你，請你幫忙上述所列的事項，你了解到需要立刻評估幾件事，包括請求的合適性、你是否要去執行、你跟被請求者的關係、時機對不對……

決定要不要做人情，是看你覺得對此自在與否。而且，請求人又是有需要並且想要你幫忙的人。被請求者是你想到可以幫忙的聯絡人。利用以下這些指標來考慮你想求的是什麼樣的人情。

- **你跟被請求者有多熟**。假如想到開口詢問會嚇到你，也許答案是「不怎麼熟」，你應該建議對方尋求別條路。最近我跟一位前同事連絡，對方想要會見一位我只有點頭之交的知名創投家。我告訴我朋友，他去找另一位共同朋友幫忙成功的機率比較高，對方比我跟那位創投家更熟。

- **了解請求者想要什麼**。你應該有足夠的資訊、了解來龍去脈，去評估這個請求是否合理，以及自己是否不介意幫忙。假如請求者想要談論在某個特定領域的機會，或是詢問一項工作，務必確保你對整件事的來龍去脈有一定了解，這樣的話，這個請求超過「你們兩人應該見個面」的程度（對於收件人來說這可能會很煩人）。例如，解釋「喬在找他下個機會，他很好奇貴公司處理客服的方式」或是「莫妮卡跟我說她很喜歡你最近對本地商業的數位行銷報導，她想要跟你進一步討論她的碩士論文。」

- **確保是在合理範圍內的開放式請求**。從天而降一個突如其來的請求，不會讓對方對你有好感。確保有一段合理時間，或是讓對方慢慢來，這樣對方才不會認為你咄咄逼人。

當你需要幫忙時

當你尋求幫忙，你要了解這很花別人的時間和力氣，明白這點很重要。在這種情況底下，你的第一步是想清楚你所要求的事。以下是簡短的檢查清單：

- 你的連結者需不需要做任何調查去轉發你的請求——有關你的背景或是眼前的情況——以便幫你開口詢問？
- 他們有沒有拿到你給他們的所有內容有條不紊的資料（例如，一個pdf檔案或無須任何多餘氣力去轉傳的清楚連結）？
- 你有沒有向聯絡人完整解釋請求的來龍去脈，這樣才不會有人因為事實不同而措手不及，因此沒有人站出來幫助你？（發現你沒告訴他們，就把一模一樣的請求發給五個人，這可不好玩。你找人幫忙的時候，沒有完全吐實可是會有失去可信度的風險。）

透過電子郵件去請求幫忙跟牽線很像，你想要知道來龍去脈，所以，收集所有細節去轉寄給你的聯絡人（包括所有重要的截止期限）；說明一下你為何認為這個請求很重要。

清楚表示你不想要在沒聽到回覆的情況下就繼續行動。最後的重點甚至更重要，是否有後續行動全看此回覆，沒有對方同意的話，請求人需要繼續去找尋其他資源。

最近有個好朋友請我去替她與一個她所在領域的名人聯繫，她認為對方有可能為她的新書在封面上寫幾句推薦詞。

這樣的工作有幾項義務：無法更改的期限、推薦人同意要讀完（或者至少略讀）整本書，並且公開說幾句正面的話。這個忙不小，但對雙方都是很有意義的。我轉傳所有該書的細節，並且強調我認為我的聯絡人會是個好讀者／推薦人的原因。他一口答應。在我將他與我朋友聯繫上之後，我的工作就完成了。我希望他讀了那本書而且也喜歡，我很期待看到他會說些什麼，假如他有要說的話。

以下介紹懇求幫忙的短信寫法。我把這封短信寄給一位我每幾年見一次面、專業工作上的聯絡人；她即將在一個我朋友打算參加的工作坊演講。

主旨：三月二十三日當妳在華盛頓的時候，懇請幫忙（主旨顯示你的時限要求）

海倫，

我希望妳現在像你希望的一樣很少奔波——雖然我很確定妳還是要常常旅行！至於我，我現在也在做諮詢工作。我喜愛按照自己的時程做事，熱愛各式各樣的案子。我猜妳一定能感同身受。

我寫這封信給妳，因為有位好朋友、也是我的前同事，她名叫蕾貝嘉・傑普森，她會參加你在三月二十三日在華盛頓的新聞俱樂部（Press Club）的演講，等妳演講結束後，她想跟妳見個面。

在她攻讀完分析領域的碩士學位之後，她現在將她所創造的新評量課程用在她的團隊上，該團隊在全球大約有兩百五十人。

我可以先介紹你們認識，這樣在妳演講結束之後，或許可以聊個幾分鐘？她這個人還滿討人喜歡的。

先謝謝妳了。

如你所見，這封短信切中重點，也包含足夠資訊，讓收件人能迅速決定該怎麼回應。你有沒有抓到主要要素？這是你需要在短信裡提到的內容。

- 開頭先提到你知道對方的行程與專業地位。
- 簡短提到你的近況，要說得有相關。
- 將你請託幫忙的地點、時間以及截止期限特別提醒忙碌的人。
- 提供真正請託幫忙的細節，並附上你對需要幫忙的人的背書。
- 在結尾增加或重複你的感謝。

現在讓我們進入沒有特別目的而保持鬆散連結的領域。

只是給你參看看看（也就是「我想你會有興趣」）

這類的電子郵件可以有很多用途：你可以用來保持鬆散聯繫、重新與某人聯繫，後續追蹤剛認識的人。「只是給你參考看看」訊息的優點，在於雙方都沒有真正義務，而且收件人會暫時想著你（幫助鞏固你們持續的關係）。

試試看：五種簡單的「只是給你參看看看」的信息

除了連結或附加檔案，你的訊息主要是像這些內容：「這是要確認我們先前所談的事」；「我不知道你有什麼反應」；「讀到此令我想到你」。

一、寄一篇相關文章給某個曾經面試你的人，而你最後沒有被對方錄取。即使最後沒有成功，你喜歡你碰到的人，而且想要保持聯絡。向對方表示你有運動家精神，依舊關注該公司和產業發展（只是不要再重述工作面試的情形）。

二、向你去年在會議上碰到的人打招呼，附上今年活動剛公布的議程。

三、和前同事分享前公司的有趣消息。前同事有時是最佳的鬆散聯繫——你或許跟他們不熟，但彼此有種革命情感。發給他們一個簡單訊息，問候近況，以及附上一篇可以讓這段關係持續下去或甚至加強的報導。

四、把那些跟對方興趣有關的內容（新聞、活動、評論）寄去，表示你有注意你的弱連結。對你不怎麼熟的人，這會帶來喜悅和感謝的一刻。你根據你所知的資訊來寄出挑選過的內容：他們是否在有會議上發表、做研究、對計畫感到熱情、著重在新興趨勢？

五、後續提供相關資訊來強化剛建立的連結關係。假如你剛認識一個人，聊到手機使用的議題，把你才剛看到的相關新聞報導寄去，並附上短信（「這篇報導讓我想起我們的談話」）。

無論你傳送的內容為何，都會將你的感受（尊敬或喜愛）傳達給收件人。很可能會產生好感，也可能因為對方有所回報而讓你吃驚，例如：「我一直都想跟你聯絡。」，但這不是你做這件事的原因。以下是一個沒有義務的「只是給你參看看看」

的短信範例，這是我最近寄給一位專業上的聯絡人，他很親切，目前在自動駕駛車領域。看到一則推特內容提到近期將舉辦相關該主題的工作坊，讓我想到他。

主旨：你知道這場會議嗎？

（主旨欄應該用你要傳送的資訊來吸引對方注意，而不是一個像「嗨」之類的普通問候語。）

嗨，吉米，

我希望你很享受最近的快樂時光。恰巧看到這個（網站連結），讓我想到你。

週一愉快

凱倫

即使這則訊息很短，但卻達到很多目的：

- 「快樂時光」指的是有關自動駕駛車的新聞暴增，有時是古怪、負面、錯誤的新聞。提到這點，表示我能同理吉米的處境。
- 假如你附了一個有用訊息的網頁連結，你不必多做解釋。在這個例子，網頁連結是導引到一個網站首頁，介紹即將舉行的工作坊，主題有關決策者處理關於自動駕駛車的議題。注意，這個網站就是活動官網，不是一篇關於該活動的新聞報導——前者比較有用也更直接。
- 就連結尾語「週一愉快」都有弦外之音，真正的涵義是「我沒有要從你那裡得到任何東西。這項消息隨你處置。」

儘管我沒有要吉米回覆，但他卻在幾分鐘內回信，表示自己已經立刻報名參加該活動。我很高興找到適合他的東西，我從像這樣的時刻得到滿足感。這花不到兩分鐘的時間，而我們雙方也不用花什麼力氣。

有時「只是給你參考看看」可以有點個人化——一個業界笑話、一個現在廣傳的梗圖、相關運動賽事的輸贏、你們兩個人所追的連續劇的好評或惡評、瘋傳的政治烏龍（當然前提是你們兩人有相同觀點）。這種短信可以像這樣寫，例如「我一定得寄給你」，或是「希望你一切安好。」

在艱困的時候，這類訊息也很重要。假如你的聯絡人經歷公司營運衰退或是行業陷入困境，一封寫著「我想著你」的短信，以及傳送一個導引到正面故事或也許有幫助的主題專欄文章的網頁連結，附上一句普通的「請讓我知道我能怎麼幫上忙」都很管用。重點是在此刻傳達某種情誼，不帶任何進一步行動的期待。無論「只是給你參考看看」的訊息要旨為何，都無需使用太多字詞。但你的確需要檢視所傳達的內容和語氣。你越認識對方，可以隨意輕鬆的彈性就更大。不過，用意是一樣的，無論你們熟不熟。

儘管我們對電子郵件有諸多抱怨（以及有些人認為這種工具絕對很快會被取代），電子郵件依舊有其獨特價值。

但是隨著日新月異的科技，我們對電子郵件的不滿大多不是來自工具本身，而是被人類誤用的結果。

我希望本章所談的一些論點能幫助你，從這種用來直接溝通的可貴工具中獲得更多靈感。

PART 3

實際點，別作夢了

意識清楚的人能好好即興發揮，不完全只關注自己，受到內心想做有用的事、回饋他人的慾望驅使，而且依照這股衝動行動。

——派翠西亞．萊恩．麥德森（Patricia Ryan Madson，美國史丹佛大學戲劇系教授）

9 現實世界的召喚

最簡單的事是去反應。第二簡單的事是去回應。但最難的事就是起頭。

——賽斯．高汀（Seth Godin，《紫牛》作者）

所有我們能（而且應該）在網路做的事是有效率、有效果，甚至是好玩的。但在某些時候，也會遇到一些必須為其他人盡的義務。

就一方面來說，我們之中有許多人必須去參與工作相關的會議，為我們的團隊或公司盡社交義務。工作坊、發表會、交流聚會，這些活動永無止盡，儘管對你而言，實際參與可能看似苦差事一件，但其實會對你的職涯、現在或未來帶來好處。

本章談的，在於探索真實世界的同時，如何才不會令你的理智線斷裂或失去靈魂。我們會教你要怎麼應付可有可無的活動和會議，以及你必須展現自己是「團隊成員」那些非去不可的活動（在企業看來，這是王者的特質）。

相信我，想到要在公司外的團隊活動「強顏歡笑」，或為了工作而應酬閒聊，我就會愁眉苦臉，這種經歷我夠多了。然而，當我確實努力做到，後續所得到的好處卻常常遠超乎我的預期（我承認我期望很低）。

出不出席由不得你

我們先來談談大多數你非去不可的義務性工作活動。假使光想到這種活動就令你惱火，那麼你可以替自己加油打氣的實際方式，就是穿上舒適並且讓自己萌生信心的衣著。這種必須要上場的表演可能也會給你購買新東西的好理由，無論是添購衣服、鞋子、珠寶……都能讓你自我感覺良好。

現在來談談義務的部分。

在場外舉辦的團隊或公司活動

假如你曾在規模不小的組織裡，跟好幾個團隊或處室一起共事過，你大概就很熟悉什麼叫「場外」（我加上引號，因為其實常常是在「場內」，也就是辦公室裡。儘管團隊不是在他們平常的工作地點集合）。

幾年前，我還在谷歌通訊團隊時，當時的團隊人數成長至約三百人左右，分別在不同國家工作。基於公司規模，我們會在加州山景城的總部舉辦一年一次的全體團隊會議。

在場外精心設計一整週的活動，安排許多講者演講及分組活動，加上數十名團隊成員的夜間交流活動。這種社交活動的重點，在於為我們之間創造同事情誼，能讓例行視訊電話及電子郵件通訊更加順利。

事實上，這種相聚的結果，的確大幅改善了辦事效率。身為一個不情不願的人脈經營者，我的第一個直覺反應就是抱怨這些事占用我的私人時間，但這種時不時出現的真實關係經營非常值得。幾年後，我仍舊跟不少我遍布各地的谷歌前同事是好友。

平常工作日的義務

說到午餐聚會或是團體出遊，辦公室政治與檯面上的狀況逼得你很難跳過不參加。假如你不去，就冒著被貼上那張惡名昭彰、說你「不合群」的標籤的風險。所以還是去吧。任何真誠的談話都是加分。並且在結束後個別和他們一對一聯繫，喝杯咖啡或走走聊聊。

一對一談話時，有些同事真的能幫你了解不同團隊之間的關係，他們可能對目前的案子有很棒的消息，也可能有一些職場上的好故事與你分享。

把這樣的約會變成固定習慣：你想進一步了解哪種角色或哪個團隊？你覺得誰（無關角色或團隊）好像很有趣？這些都是你要去認識的人，而且可以加入你的人脈。

我在谷歌很早就學到這一點，我所經手的案子帶我去認識許多公司同事和團隊。數年後，我仍舊和許多那些因為偶爾短暫互動過的人維持友誼和專業關係。

討厭的公司派對

我一開始向各家出版社提出本書的企劃案，在提案上註明，我近年沒出席的企業假日派對，因為那些派對的規模越來越大，塞滿了我不認識的人（甚至是我以前從來沒見過的人，而且我說的還不是同事配偶之類的角色）。

在我們開會時，很多人注意到這一點：顯然很少人喜歡這些立意良善卻經常讓人左右為難的派對。

當谷歌的假日派對規模成長到參加人數超過千名以上的員工，連遇到我認識的人的機率都變小了。

當然，這種大型活動也有更多約束。要遇到有意義交流的機率變得很低，有免費酒吧的可能性也變小。因為一手拿著酒杯比拿著盤子更容易與人交流互動，許多人最後會酒喝得太多、東西吃得太少。

另一個待在家裡的原因是，身為單身人士，我不想要求朋友去忍受不斷聽了就忘的介紹以及與職場有關的玩笑。（假如你有可以互相幫忙的朋友，陪同你出席這種工作派對的場合，而且你剛好心情不錯，那也可以考慮參加）。但你懂我的點，老實說，我還寧可遛狗！

如果你待的組織規模比較小，派對可能稍微比較好玩些。你很可能認識在場的人，運氣好的話，你會有真誠的戰友，花點時間跟你的團隊熱絡。這樣很好，但是記住，這仍舊是工作。

誠如最近一篇藝術文化雜誌《Vice》的報導，「工作派對是免不了的社交活動，和所有你一起共事的人進行……沒有付你薪水去參加，因為參加與否可以選擇……只不過，你不是真的有選擇，因為『工作』與『非工作』之間的界線變得模糊，辦公室政治就會浮上檯面。」

可以想見這些情境免不了會牽涉到辦公室政治及職業形象。有著你避開不了的「去看和被看」的面向。

假設你討厭出席，那麼我建議你早點去，在場內繞個兩圈，確保那些「需要」

看到你的人有看見你，然後再離開。不然就是先在別的地方好好吃頓晚餐之後，晚點過去。同樣在場內簡短地繞一繞，然後離開。

別浪費時間去做你真的很討厭的事，而且你不會因為所付出的努力而獲得多少好處。但假如你有義務非出席不可，縮短露面時間。你可以很誠實地說你的確有出席，而且因此得到加分。

艾莉森．格林在她的網站「問問經理」（Ask A Manager）裡，針對各種工作問題提供很棒的建議，就這個議題，她所抱持的看法也差不多：「出席一小時，露個面，從你的老闆身旁走過幾次，這樣他們就會看到你在場，然後你就可以回家了。假如你有小孩，那也是很好的藉口。」

可選擇要不要出席的時候

除了非出席不可的員工會議，也有你該去參加的會議或工作坊。至少參加這些會議的部分重點是去認識人，對於擴展目前工作的知識，或是為了未來的選擇，這些都有幫助。

在眾聲喧嘩裡，大家看著名牌，然後目光越過你身後，去看是誰來了。你的任務是要使這些集會場合盡可能對你有用。

・熬過一連串的會議

無論你是不是要去跟工作有關的特定活動、產業會議或技能培訓會議，都請記得：你不必與大家熱絡互動，或是認識場內所有的人。

不需要切換到自動模式，反而應該針對你想在這團混亂中所達成的兩、三個目標，擬定策略並加以執行，好比說學到一項新東西、著重在你想認識的一些人或公司，然後回家。

假設你去參加一場為期兩天的會議或商展。在你加入混戰之前，先研究活動時程。挑選你覺得最有趣的時段。可能的話，有些活動時段，正是你在一天之中，覺得和人群相處最自在的時間。

身為晨型人，我的標準工作習慣是替自己在一天的開始打氣，因為我知道自己之後會累垮。我總是很早就抵達會場，在活動開始前先喝杯咖啡、走一走，最多一小時。

有些我認識的人寧願在午餐休息時間之前才到，他們打量群眾，尋覓不錯的人一起坐在同一桌，聆聽當天下午的演講。

你可能會想去參加最後一場，在結束後的雞尾酒會待個三十分鐘。不管你用哪一種方法，至少在會場留一個小時的時間來跟大家互動，這樣你便有足夠的時間來評估情況，搞不好還可以跟一、兩個人做簡短的交流。

至於會議議程本身，你也可以在你等待重要演講開始前，或趁著參加分組討論時建立粗淺的連結關係。

大多數參加會議的人都知道免不了要跟人簡單聊幾句，因此你可以用這樣的方式結束談話：「我想要跟您再多聊聊——可以跟您要張名片嗎？」沒有名片的話，你們或許可以把各自的位置資訊輸入對方的會議應用程式裡、提出在LinkedIn建立連結的請求……不管哪種方法，只要對你管用都行。

假如與會的人配戴徽章或名牌，你不要光盯著自己的手機看，而是要表現出隨時可以與人聊天的樣子，與對方眼神交流。

在一篇於二〇一七年發表、標題令人難忘的文章〈這位焦躁不安的內向人如何應付大活動〉，創投家杭特．沃克列出幾項有用的策略，幫助大家忍受群眾場面，尤其是假如活動時間超過半天的話。

此外，他建議先暫停去充電一下。在街上轉一轉、一個人去喝一杯……找個能幫你煥然一新再重返會場的方式。

另一個點子是，和某人一起離開。他寫到：「即便不在活動會場，我都非常喜歡在一對一的狀況下聊一聊。我覺得這種技巧特別適用夜間活動。與其混在一大群喧鬧的喝酒人群裡，我會找一個我想花點時間多認識的人，我們就坐著聊個二、三十分鐘，然後再回到喧嘩的人群裡。」

試試看：在活動中與人打開話匣子

會議是沒什麼利害關係的地方，可以閒話家常。閒聊不僅為眾人接受，而且可以趁坐在咖啡吧或等講者開講之際進行，這樣比較有效率。

在休息時間，我會到處轉轉，讓大家注意到我，讓自己看起來從容不迫，而且對他人敞開心胸。我會把電話擺在旁邊而不是拿在面前。

排隊等待入場或買點心，這些時刻都是打招呼的絕佳之處；運氣好的話，看一下對方的所屬單位（假如名牌清晰可讀），很快聊幾句、交流一下。

假如你甚至能在時間快結束前建立了一丁點關係，這就是名片管用的時候了，方便你事後再連絡追蹤（本章稍後會談到名片的運用）。以下有些開場白範例：

- 「你在（公司）多久了？」是一個很好的起頭方式，理想的狀況，是繼續接下去一般的稱讚：「現在這種時候，待在那裡很瘋狂／迷人／穩定。」
- 「你怎麼會來參加這個活動？」或「目前為止你覺得會議如何？」假如身分模稜兩可，這類問題可靠萬用。最好問對方開放式的問題，而不是是非分明的問題，例如「你喜歡這場會議嗎？」。
- 把你的快速自我簡介準備好。不過，假如你沒準備好簡單說明你目前或未來的專業工作，可以聽對方說就好。

・非正式的小型聚會

這類聚會可以有不同形式，好比剛上完一門推廣教育課程，想繼續與班上同學保持聯繫；多元員工團體想要認識其他公司的員工；一個工作團隊想在工作之餘從事慈善活動。

假如你有動力，要繼續保持聯繫應該不會有困難。假如你做得不情不願，表示你沒有從中獲得所需的價值，或者對你來說不是好時機，那也不要緊。

持續學習

有許多自由參與的活動對你來說有長足的助益，例如了解一個你想進入的領域或是感興趣的公司。有時作者講座也可以是一窺當前熱門話題的絕佳入門（例如數位健保，或是財務安全），可以拓展你的知識。

我認識的一位職涯教練很鼓勵大家每三個月就參加一次這樣的活動，尤其如果你是顧問而不是受薪員工，那就更應該去。這些活動能讓你隨時掌握最新動態及消息。

就像我在本書其他章節提到，敞開心胸，對你事業有幫助的活動都保持好奇心，通常都是好事。如果要判斷到底該不該參加這些活動，你可以問問自己以下的問題：

- 我喜歡的人會在嗎？（最起碼，我可以跟他們待在一起，度過這一晚）
- 有沒有我想要聽的講者，或是我真正有興趣的話題？在矽谷，我可以用「行動支付的未來」或是「機器人與工作」這種話題塞滿一整週的行程，能夠提出有趣看法的講者或是知識淵博的訪談人，能大大有所不同。
- 場地好玩嗎？我最近參加一場記者會，議題是全球信任，因為主題我有興趣，而且我很好奇，想看看舉辦這場活動新場地。
- 這場活動對我的專業有幫助嗎？因為我跟所有類型的行業打交道，我需要跟上產業在幾個議題上的最新想法。我想要得到人工智慧公司的諮詢工作，熟悉該領域的議題對我多多益善，所以我期待參加能從中學習的低門檻活動。

簡言之，就跨出去吧。或者偶爾出席一下。出去呼吸新鮮空氣很不錯。

名片還是很有用

以前，職位在一定層級的人，名片是他們到新工作上任時會拿到的東西，沒有名片的人則很想得到。

但對我們很多人來說，名片的時代已經過去了。今天鮮少有人會真的將名片歸檔，作為以後的參考資料，當然這是每個當過執行助理的人很習慣做的事。你跟我已經在各自的手機上有彼此的聯絡人，這是儲存聯絡資料最有效的方法（只要記住去更新資料就好，這是保持聯繫的必要之務）。

儘管名片已經逐漸不被使用，我還是要在此讚美一下它的妙用，至少在某些地方派得上用場。這是個方便的小紀念品，提醒你要去後續追蹤你親自見過的人，尤其在專業活動上碰面有時間限制。

在你與對方的簡短會晤時，可能沒有建立起足夠理由去聯繫，所以遞出一張有手寫註記的小卡片很管用。就算對方沒有名片，向對方索取電子郵件地址，這樣你就能後續追蹤。別期待對方會後續與你聯繫。

試試看：活動後的後續追蹤

無論你是收集紙做的名片、用你的手機傳送聯絡細節，或是靠速寫的紙條，在你認識新人之後很快進行後續追蹤。在幾天之內，你應該傳送短訊給對方：

- 謝謝對方幫忙安排拉關係。
- 提醒他們你想要聯絡的原因。
- 附帶相關的資訊（文章、履歷、LinkedIn的連結、主動幫忙引薦，諸如此類）。
- 請對方有空時回覆（別催促對方，除非你已經親自表示你有期限，而他們或多或少已經同意幫忙）。

另一個印名片有用的原因，可以追溯到湯姆•彼得斯所提出的「你本身就是個品牌」的概念，我在第七章曾經討論過。在一個手工品牌以及個人風格大放異彩的時代，假如你在創作領域想要凸顯自己、或是從事面對面的生意，是有可能善用名片。假如你是顧問或簽合約工作的人，或是努力要打進一個新領域，向其他人宣傳你的夢想，發名片是很聰明的方式。

當我離開Twitter去開展自己的顧問事業，我想了很多要怎麼描述自己的方式。我想印名片，因為這可以當作見面時的紀念品。

最實用的內容，就是我可以在新名片上描述自己是作家暨編輯——這樣就完成基本工作了。但我想讓別人查覺我的價值不只於此。畢竟，我數十年的寫作和編輯經歷，也加強並建立我的其他技能。所以，在製作新名片時，我放上了三個名詞：

- 溝通者：這個詞很廣泛，無論是寫作、演講或策略，都涵蓋我對清晰溝通的興趣。
- 策展者：我有個長期以來的習慣，會去尋找並收集所有各種資訊，交給我認為對方會喜歡或覺得有用的人（而我也注意到，這是一種維持鬆散聯繫的高明技巧）。

• 事實查證者：這是向我多年的企業人生致敬。我知道組織的工作方式、人們在組織裡的行為模式，以及如何解讀辦公室裡的風景、如何以公司眼光去看待外在世界。

除了這一些隻字片語，我的名片上還有一個趣味的畫素圖案。我很幸運，這是我朋友、著名的符號設計師蘇珊・凱爾送我的禮物；名片正面只放了我的電子郵件地址、電話號碼，以及我的About.me網頁的短連結。（About.me是一種提供單一頁面的服務，你可以放一段內容和幾個服務連結，無論什麼人都能從這裡找到更多有關你、或是與你聯繫的服務資源——這是個管用的簡介網站）。就這樣而已。為了好玩，我選擇在名片背面加上幾句名言佳句——對那些拿到名片而好奇把名片翻過來的人來說，這是個額外驚喜。

我訂名片時挑了四種顏色，這樣每一組都有一句不同的引言，每一種都反映出與我產生共鳴的想法。以下是我挑的名言：

• 「生命的藝術並非控制發生在我們身上的事，而是使用。」——葛洛莉雅・

斯坦能（Gloria Steinem）

- 「專門化只用在昆蟲身上。」——羅伯特・海萊因（Robert Heinlein）
- 「訣竅在於心懷感激，並且希望雀躍歡喜不要太快結束。」——大衛・卡爾（David Carr）
- 「快樂不是目標；快樂是副產品。」——艾蓮諾・羅斯福（Eleanor Roosevelt）

假如你是自雇工作者，或正考慮成為自雇工作者，那麼你可能會基於跟我一樣的原因而考慮印製名片：想要引起別人興趣、覺得這種傳統的方式很好玩，可以讓拿名片的人更想與你繼續連絡。

並非給了名片後就什麼事都解決了，但目標正確的話，名片可以是敲門磚，讓別人記住你。

製作名片的服務和設計點子永遠不會短缺，所以假如你要走這條路，先請教眼光銳利的人，幫你抓到自己領域裡最重要的東西，並且盡你所能，在名片的一方空白裡傳達出來。名片至少要放上這兩樣關鍵物：電子郵件地址、別人不管在哪都能找到你的帳號名稱、你的個人網站或資訊網頁的網址。

當會議或活動結束之後回到家裡，我便把最新收到的名片，放在我筆記型電腦旁的一小堆名片上，提醒我自己要後續追蹤聯繫。最後，聯絡人可能會進到我的LinkedIn或聯絡人資料庫，也可能被我拿去回收。至於印名片，別做過頭了。現在隨選印刷服務很方便，只要印一些就夠你用很久了。

關於名片的最後一席話：假如你的正職有制式的名片，但你有副業或想要探索其他可能性，可以製作你自己的名片，在適當時機發放；或者假如你是在一個專業場合，例如會議，給對方你的「正式」名片，但在上面補充你的個人電子郵件地址（或是LinkedIn聯絡方式）去製造連結關係。

有些人找我幫他們尋找下一個大顯身手的舞臺，但他們卻給我目前工作用的電子郵件信箱，我老是嚇一大跳。當你要探索其他可能性，請務必使用私人帳號。不要在你老闆的伺服器上找頭路！

無論是本身工作需要，抑或想找新工作，親自現身幾乎是每個人在工作上逃不了的事實。

你可能從未真心喜歡或期待前去必要的工作會晤，但或許我可以說服你，這些絕對都能挺過去。假如我的經驗有任何啟示，那就是這一切的確有策略可以幫你應付，結果或許一點都不糟，甚至還對你有所助益。

10 閒聊的藝術

與陌生人說話，就像在一成不變的日常步調中增添了美麗且充滿驚喜的插曲。你改變了自己的視角，產生了短暫卻有意義的連結。

——綺歐・史塔克（Kio Stark，作家）

很多人，包含我們這些對經營人脈抱持懷疑態度的人在內，有充分的理由看輕閒聊這檔事。因為閒聊很無趣、乏味，而且跟我們個人又沒有什麼關係。閒聊破壞安靜的空間，內容常常陳腔濫調，令人無法忍受。通常無法解釋你的心境或當下的心情，習慣性喋喋不休的人好像都很緊張、任性，或缺乏社交技能。

當我在Twitter和Facebook上發表這個問題：「你討厭經營人脈的哪一方面？」最常出現的回覆，就是把這件事跟討人厭的對話連結在一起：「尷尬」、「強迫」、

「陳腔濫調」、「不真實」。

因為我爸家族的緣故，我一直很不喜歡閒聊。他們是三代具有挪威血統的南達科他州人，也就是說，這群人裡沒有一個長舌公、長舌婦。所以當我身處在閒聊不停的地方，就會靜悄悄地找尋出口。

然而，令我大感意外的是，我最近稍微改變了些。對內向人以及想避開閒聊的人來說，我發現閒聊甚至可以達成很多目的。

審慎使用的話，聊天能夠用來減緩緊張，讓我們在社交場合探索新事物，也可以幫助我們在活動場合順利進場或出場，發送友善或和平的短暫訊號。

我也得知我們不是唯一利用發聲來建立情誼關係的哺乳動物。一項由普林斯頓大學主持、有關狐猴發聲的研究（對，就是狐猴——眼睛咕嚕嚕轉、住在馬達加斯加的哺乳動物）發現，對狐猴來說，「說話是一種社交潤滑劑，不全然是為了要傳達訊息，而是要建立熟悉感。」研究結論表示牠們發出的聲音「等同我們的閒聊」，並敏銳觀察到「我們交談時，大多時候，我們一講完就忘了內容，因為交談純粹是表現社交功用。」很真實，我們現在知道狐猴像我們一樣。

輕鬆地閒聊

即使我不喜歡沒頭沒腦的喋喋不休，簡短交流還是令我感受到共享人性的豐富時刻。我要說的是與遛狗同伴、巷口商店的店員、旁邊等電梯的人、辦公室裡的清潔人員或是警衛等人做幾句簡單的交談。

說起可愛的狗、惡劣的天氣或糟糕的交通、運動賽事或是即將到來的假期，都能提供一種革命情誼和連結的感覺，我認為連內向人都渴望這種感覺（假使閒聊以一則動人的故事或你不知道的新聞來開場，很可能加分）。

在一篇於二〇〇六年發表在Slate網站上的文章，作家露絲．葛拉漢（Ruth Graham）很推崇閒聊，稱之為「一種重要的社交潤滑劑」，預測閒聊「永遠不會離開我們，因為這是共享文化的扎實基礎。人們越多元不同——文化、政治、經濟上——我們所能共享的話題就越少。對生產力太執迷，就沒時間享受當下的樂趣。這表示閒聊一點都不是小事。」

・安全、友善的閒聊話題

以下是大多數關於閒聊的好消息：所需時間不長。即便是沒頭沒腦的閒扯，也會不知不覺就過去。有個特質可以幫助你度過這些交談時刻：大多是觀察、大家都有的，而不是調查或個人私事。通常，話題以你們都看過或很可能都經驗過的事為依據，像是：

- 等待太久（電梯、排隊隊伍）。
- 與天氣相關（太冷、太熱、下雨、下雪、潮濕）。
- 交通路況（惡劣、出乎意料順暢、車流固定）。
- 當地運動（勝利、失敗、慶祝、交通）。
- 週末和假日（期待即將到來的活動、對將要結束的假期感到惋惜）。

工作上的閒聊

工作認識的人占去我們生活裡絕大部分的時間，因此我們得來看看閒聊在工作上能發揮什麼作用。

就某方面來說，聆聽辦公室裡的閒聊，能使你獲得情報，幫你了解他人。要完成工作、和他人合作、清楚瞭解團體運作關係，這種知識非常重要。假如你在開放式的辦公室工作，就算你不想聽，實際上也避免不了。

我曾和一個做事方法不同的人共事一件案子，聽他在辦公室裡閒聊的內容，我漸漸得知他是個永遠都在負面思考的人。

他的個性就是會從雞毛蒜皮的小事，一路批評到重大要事。我注意到他時不時就會抱怨，於是會不著痕跡地透過非反駁的方式說服他，在他開口抱怨前，同理（但不是同意）他的抱怨。

這樣他就覺得有人聽他說話，這麼一來就清除了障礙，可以真正把事情做完。有技巧地打開話匣子，可以幫助你不認識的同事感覺更為自在。用露絲．葛拉漢的話來說，這是一種社交潤滑劑。聊個天就能幫你建立起你自己的內部人脈網，尤其是拉攏那些你可能沒有直接一起共事的人。

・工作面試時閒聊

在工作面試時的閒聊是很有意義的，以下是幾點建議。

對求職者的建議：

篩選和面試過程會令求職者緊張，這是可以理解的。參加面試時，關於你要會見的對象，你不是每次都能獲得很多資訊或聽出弦外之音。

你很想一次吸收很多資訊，可能在一天之內，要忍受四到六次馬不停蹄的面試（或者更慘，參加集體面試）。

贏得大多數所見過的人的支持，是你在充滿壓力的面試過程中最重要的目標，這項工作艱鉅。所以，身為求職者，你要盡力去從招募人員那裡，或是在一次次會面之間，透過閒聊去打聽更多消息。

聊天也可以加強你對該公司、角色、團隊（「我是多年用戶／顧客了，我一直都有注意貴公司的廣告，貴公司這次的收購，我替你們感到無比興奮。」）的興趣面試加入閒聊時，內容應包含你對該公司的了解：向面試官恭喜該公司獲得肯定；

熟門熟路地提起最新的產品消息、聊聊該公司的慈善捐贈及社區活動、提到該公司的社群媒體策略。

當然，你在面試時會深入更多細節，但這些離題的內容在在表現出你的熱誠，以及該公司與你有一致的興趣和價值。

至於私人閒聊，身為求職者，你想要表現你頭腦精明——這不是過度分享的時候。假如你對運動或動物的熱情，與整段面試對談有某種關聯，你可以稍微提一下。但是，工作面試更攸關你的專業能力。

對面試官的建議：

科技公司的招募小組通常由各種人員組成，很可能是未來要一起共事的新進同事。每個見過求職者的人提出回覆意見和評分，其標準由公司制定，相加起來就是做出的聘僱決定。

在過去二十年來，我以這種流程面試過許多應徵各種職位的求職者。我或許是個內向人，但我有同理心，也很勤快。我的部分工作就是好好代表公司，讓訪客感到自在。

在前往面試室的路上，我永遠都在閒話家常：交通指示清楚嗎？你從很遠的地方來嗎？你這週很忙嗎？我可能會拋出一些對辦公室的觀察——吵雜或安靜、混亂或整齊的理由；我會指出牆上任何有趣的東西、主動提供飲品、帶他們欣賞景色。除了使人放鬆之外——如我們所見，可以靠閒聊做到——這些簡短（通常說過就忘）的交談提供我有關求職者的線索：

- 他們的回答是否有跳脫框架的個人見解？
- 他們是否長篇大論、不知道在高興些什麼、太過緊張或頻頻道歉、非常尖銳、太過自以為是？
- 他們的樣子看起來是好奇而且專心，還是漫不經心？

這些解讀，讓我能夠開始判斷他們是否靈活有彈性、聰明、還是冷漠之類的，你懂我的意思。

任何行為，都顯示出他們跟未來要加入的團隊能否融合、還有他們的工作方式。採用這種方法時，所有你在簡短會面所得到的資訊，都可以幫你好好了解對方；假如你完全專心在求職者在題目清單上的「表現」，你就無法得到這類的資訊。閒聊會提供一個好機會，讓人去展現好奇心、熱情、批判和創意思考的技能、廣泛的生命經歷。我認為，我們大多數人在招募新人時，這些都是我們想在應徵者身上看到的特質。

到了面試尾聲，我當然沒有對他們的未來做出任何承諾，我說了一、兩句保險的結語：「你一定很期待週末，我希望路況不會太糟，很高興我們今天能花了點時間見面。」我可能稱讚對方打扮的風格，這是要讓身上有刺青、穿了粉紅皮麂皮靴，或把前面一撮頭髮染成藍色的人知道，我們公司重視個人的獨特性。

試試看：閒聊時要小心

面試官必須與潛在的求職者保持謹慎的關係。

你想讓每個人感到自在，但是要注意避免社交禁忌及非法問題。以下是幾項遵守方針：

- 以謹慎和真誠稍稍讚美。
- 避免熱情稱讚，永遠不可著重性別的細節。例如，男性面試官不該讚美一位女性求職者的外貌或穿著，反之亦然。
- 對於徵人狀態和求職者立場保持中立。要正面以對（「我很喜歡我們的談話」），但不要做出任何保證。（「我們會再連絡。」）

我應該還要補充一點，與他人相較之下，我既身為年長女性，又是一個天性包容的人，本來就會真誠欣賞並讚美所見到的各種人，所以我的立場大概比較安全。假如你不像我，或是沒有年齡的優勢，那就請你小心以對。想要讚美對方之前，確保你所說的話符合自己的角色、年紀、性別，以及將會對求職者造成什麼影響。

．團隊之間的閒聊

另一種與工作相關的閒聊，就是出現在團隊並非進行例行公事的時候，比方說在公司外的聚會，或是即興的社交時刻。這些偶爾的聚會，不是談論工作或表現正經八百的時候。

適度的交際和個人化，例如分享自己即將到來的度假計畫、寶寶做的滑稽事、到處廣傳最新的寵物影片、你的母親來訪……都會成為此刻管用的潤滑劑。

分享小小的個人趣聞消息，讓大家對彼此有更多好感，會使得團體未來合作和溝通變得更簡單。當人們互有好感，會交換一些無傷大雅的趣聞，建立起更深厚的同事情誼，工作通常會因此變得簡單些。

我多年來和一群年輕人工作，他們年紀大多比我小個二、三十歲，我們本該有溝通障礙，但聊天卻讓我們搭起一座橋樑。

我很喜歡關心同事，和他們聊聊有什麼週末計畫，以及目前的文化愛好，這麼做有助於我了解他們的工作方式，以及該如何和他們一起工作。

從他們的角度而言，我覺得他們應該很感謝我對他們所做的事感興趣，尤其是我從未想要去找事來跟他們較勁或競爭一番（反正我一定會輸）。

在他們眼裡，我是一個親切、基因上比較年長，而且是個似乎能跟得上他們潮流的反常傢伙。基於這個原因，我不會提「當年勇」，也會避免說太多自己的事。這個策略很適用於內向人和年長的員工，可謂是額外的好處。

・在社交場合的閒聊

當我受邀去參加一個不算專業但沒有非去不可的活動時——比方說，一場書的派對、夜間發表會、企業宣告——與人閒談還是能幫我一把。

我偏好事先確認到時候會不會至少有一、兩個我認識的人也在場，這能減輕我不太想出席的輕度焦慮。

而且我很喜歡觀察團體行為。我抵達會場後所做的第一件事，就是打量場內，確認飲料和食物的位置、我該選哪個座位（我通常選坐走道或靠門的位子）。然後我會很快繞一圈，對場地和出席的人有個概念。

遇到我認識的人，我會努力和對方閒聊幾句，不管我們來這裡本身的目的是什麼。例如參加技術發表會、媒體介紹會，又或是產業概況說明。我通常是問「有什麼消息？」之類的問題。

這樣繞一圈之後——這和場內人士熱絡互動非常不同，因為我不是為了交換資訊才出席——我去找安靜的角落。假如我的確有一、兩個朋友在場，我們可能會在發表開始前，先來段真誠但簡短的私下閒聊。

我會聆聽主要議程並且做筆記，然後，留點時間給好玩的時刻，以及和一、兩個熟人閒聊，接著我就會走向會場出口，因為我的任務已經完成了。

‧在線上閒聊

最後，有一種比較新的閒聊管道：線上交談，我對此的定義廣泛，電子郵件、聊天、推特或私人訊息都算。

我在第六章花了一些篇幅仔細討論過，所以我在此想要強調的是，採用線上、社交網站閒聊，對於聯絡陌生人或是弱連結的聯絡人，以及與朋友保持聯繫變得更簡單輕鬆。例如觀察某人的公開社群媒體貼文，可以給你一個主動聯繫的理由，先是一個簡短親切的開場白，然後再說到你的重點。無論對方有沒有讀、有沒有看到或是聽到這些交談話題，我認為對方會欣賞你為了他們所做的種種努力。

至於你所認識和喜歡的人，當你把彼此共同有興趣的新聞傳給對方，線上閒聊可以簡單用一句話「最近如何呀？」帶過即可。

總結一句話，閒聊有時是必要的，閒聊是明智之舉，也是向人類同胞發出友善訊號的最佳方式。

我希望本章能鼓勵你三不五時就去試一下，別太排斥。運氣好的話，或許能說服你不必改變人格就能改善你的人生，即便沒有開心一下，簡短社交應酬還是很管用。

11 求職的具體細節

倘若我們等待，靜候一切準備就緒的時刻，我們永遠都不會開始。

——屠格涅夫（Ivan Turgenev，俄國現實主義小說家、詩人和劇作家）

有件非常現實的事，只有我們少數人能躲得掉，那就是找新工作的過程。人們總是在留意工作機會，這使得持續經營人脈變得十分重要。

根據蓋洛普公司在二〇一七年針對美國職場所做的一項研究顯示，百分之五十一有工作的美國人也積極打聽新工作，或至少留意職缺消息。這表示永遠幾乎免不了與別人一較長短，所以，最聰明的策略，就是保持和你的聯絡人「熱絡」和更新，以便留在就業市場內。在本章，我們會探究你在找下一份工作時要如何運用人脈的力量，以及如何把這個過程變成對你更有利。

職缺的真實面

人力網站永遠不缺，這些用關鍵字、職稱、地點來找工作的廣泛人力網站，以及諸多按照領域或行業來將工作分門別列的專門網站。定期查看喜歡的人力網站，探索研究吸引你的新職缺，這些都是值得的。

除了LinkedIn之外，有各種五花八門職缺和職涯的大型人力網站，標準網站包含Indeed.com、Glassdoor、CareerBuilder、Monster.com和SimplyHired。

有些網站把職缺集中在同一個範疇——例如，介紹非營利單位職缺的Idealist.org、Philanthropy.com和Bridgespan；專攻教育職缺的SchoolSpring和Edjoin；Dice列出技術方面工作；TalentZoo和Krop收集廣告和行銷方面的職缺。不過，其他像SimplyHired這類的網站，鼓勵多元，呼籲多多提供給殘障人士的職缺，包含退伍軍人在內。你喜愛的搜尋引擎也會顯示更多職缺。

請務必在所有這些深得你心的網站上好好挖掘一番，找尋你喜歡的公司和職務內容。但別光是這樣而已。

當看到吸引的職缺時，要做馬上兩項工作：

一、好好調查公司。

二、在你認識的人裡面，找到與這間公司有關的人。

第一項工作是指，務必要了解一間企業的所有面向，包括其賺錢之道：組織架構、競爭對手、產品、服務……而且同樣重要的是，公司任務、價值和名聲、公司文化為何。

你希望這間企業的各方面都符合你所想（或是很清楚知道你為了能進該公司而願意犧牲的東西）。你越是把這些資訊記錄詳細越好。去搞清楚這間企業的人、事、地點、時間、原因、公司的做事之道……去探索職位以外的事情。

第二項工作同樣重要，人脈的影響在此關係重大。你想在你所調查的公司裡找到內部私交，或是找到與這間公司熟稔的私交。根據求職網站Jobvite所做的研究，在成功獲得工作職缺的機率上，推薦函高過投寄履歷五倍之多。雇主提供員工各種招募新人的獎勵，包含現金紅利，這種方式越來越普遍。這樣的獎勵也刪減了雇主花在廣告公司和徵才公司上的費用——對於幫你得到工作的熟人來說，這也是不錯的獎金。

除了推薦過程，在你鎖定的公司裡工作的人、或與該公司有生意往來的人，你與他們所建立的關係，可以使你更了解該公司。去了解該公司的人、事、地點、時間、原因、方式，而不是只有你想得到的工作的細節。

已經有數十個人來找過我，請我把所知道的公司情報告訴他們，我總是欣然應允他們的請求。

不論我是不是喜歡該公司，我的目標都是了解求問者目前的職涯階段。比方說，在一間沒那麼知名的公司做了兩、三年相關職務的資歷，有時可能很有幫助。要是我剛好對特定單位或小組知道的不夠多，我會轉寄介紹信給比較了解的人，這樣求職者就能獲得更清楚的資訊。過程會是像這樣：我寄出一封短信，概略介紹一下有興趣的人，附上對方的LinkedIn檔案或個人網站。

我也會提到對方的專長作為附加描述，幫助我的朋友動動腦，例如：「喬的背景是在（相關公司）的商業發展，似乎很適合（貴公司）」，或是「艾倫在亞洲擔任合夥人的十年資歷，應能大力幫助貴公司將業務拓展到亞洲區的計畫。」在這封短信的結尾，我會問：「我是否能介紹你們認識，或是你能指點我或他該找哪位知情人士？」

這是老話一句，但仍然千真萬確：資訊是力量。這是你收集資料的方法。

徵才廣告之外

也有那種你有興趣的公司，但目前沒開出符合你能力的職缺。可能的原因很多：他們是有空缺沒錯，但目前暫停徵才；雇主是個小公司，負擔不起付費徵才廣告（提醒：檢查該公司的網站）；在新職位出現前，必須先解僱表現差的員工；對於重新組織、整頓、或是新職位，內部討論可以花上數個月的時間，這表示暫停開出新職缺——這樣你就懂了。

假如你不急，在你想上班的地方沒看到你有興趣的空缺，不盡然就是絕路，這時就看人脈的影響力了。

舉例來說，我有個記者朋友，姑且稱她為艾蓮諾，她替報章雜誌撰稿很成功。她現在年屆四十多歲，想要應用她在Twitter、IG或Snapchat等數位平臺所學到的影音敘事技巧。她曉得在這些科技導向的服務公司裡，這類的職位不多，所以她現在單純只想廣泛地建立聯絡人。

這招很聰明。對於她到底想要做什麼、如何為自己定位，開放式對話將有助形塑她的思考。對於她有興趣的公司，她設定了消息通知，並持續向人打聽其他可能適合她的好地方。未來當她調查的公司開出職缺，她便能透過已經認識的人，直接排隊去應徵。

有時候，公司藉由專案或有一定時間限制的約聘職位來招募新進人員。這是所有相關人員都能彼此熟悉的絕佳方式，也能展現出這份工作的全職樣貌。

我當過很多次約聘人員，也經常聘用約聘人員。一開始是像這樣子：我們現在碰上新產品發表／企劃／截止期限將至，需要增加人手。團隊裡有誰認識作家／攝影師／專案經理／影像製作人／資訊科技專家（等等）可以加入？已經有內部的聯絡人真的很吃香，因為通常這些短期和約聘職缺不會刊登出來，全是透過朋友的朋友，口耳相傳。

這正是我開始在谷歌開始上班的經過。我有個朋友在一九九九年加入一間名字聽起來很好玩的新創公司，我們一直保持聯絡。二〇〇〇年至二〇〇一年，最早的網路公司泡沫化風暴重創舊金山灣區，我已經歷經兩間公司關門大吉，正在找尋自由接案的工作。於是我連絡我這位朋友，對方告訴我谷歌人手不足，這間公司在二〇〇二年約有五百名員工。

我在二〇〇二年開始專門接他們的案子，努力讓自己成為他們不可或缺的員工，經過十五個月，終於核准增加「員額」——我已經正在做的工作變成一個全職受薪的新職位。打一場耐力賽就是我在那裡獲得聘用的方法。

這個狀況可能不適合需要有健康保險或其他福利的求職者，但這個方法適合給有能力去挑戰不同工作規模的人。

我有個活力充沛的朋友，就叫她喬琪亞吧，她是位資深的活動製作人。大約兩年前，當時她有一份很不錯的工作，但她想要轉換跑道。

她的首選是加入一間非常知名的國際公司。透過她的人脈，她和那家公司的幾個人聚會過幾次，見見面、認識彼此。他們喜歡她，但沒有沒有適合她層級的位子，也沒有必要的員額。喬琪亞繼續做她原有的全職工作，並且與她的聯絡人保持緊密聯絡。

過了幾個月，她夢想中的雇主告訴她，他們想要她以約聘身份來加入一場重大的全球活動，為期大約數個月。假設一切順利，他們可以在一年內將她轉換為全職員工。根據她與團隊發展的關係，喬琪亞很相信他們，值得她大膽一試。幸好對她（以及該公司）來說，一切全都順利。她現在很開心地轉換為全職人員，而且還是在她想待的公司。

轉個彎獨立經營

如我們先前所談過的，對於想要保持獨立的人，現在有越來越多全職和顧問工作的職缺，為各式各樣的客戶做不同案子。

這是我在二〇一六年離開Twitter之後所走的路。基於多年經驗，讓我以編輯顧問投入就業市場，當時時機似乎正好。

當你走獨立路線，你長期以來所經營的人脈就扮演了重要角色。我在貼文宣布我的新工作，結果是兩個月內不停會談、喝咖啡聊天、和許多人吃飯——有些是陌生人、有些是我稍微認識的人，還有些是朋友或是友善的熟人——這些人都是位處招募我的職位。與這麼多人會面的結果，最後帶來一連串精彩豐富的案子，讓我一直走到現在。

除了工作有關的會面，我也確保我自己答應接受沒有議程的引介，結果是得到更多推薦。其實，沒有議程是促成本書誕生的關鍵，當事情開始發展，我並沒有具體想法；每一次對話都帶來下一步。

二〇一五年八月：史蒂芬・勒維刊登我有關人脈的貼文

二〇一七年一月：提姆・拉柏瑞克介紹我認識他的書籍編輯。

二〇一七年二月：何莉絲・辛波建議我找一位經紀人聊聊

二〇一七年二月：拉朱・納里塞蒂介紹我認識他的經紀人朋友。

二〇一七年十一月：琳恩・強斯頓把我的書賣給試金石集團（Touchstone）。

我加上了日期，是要告訴你，建立人脈，時間是很重要的因素。不是一切都可以馬上或毫無阻礙地開始。

獨立編輯卡洛琳・平克斯（註：我透過我的人脈找到她來幫我發想本書）在出版社內工作多年，重回顧問工作時，她便立刻聯絡許多出版業的同仁，還有幾個她多年來所聘僱的編輯助理，她注意到，「每一個人現在在出版界的職涯都很成功，現在也固定向我推薦客戶。」當然，她也主動聯絡許多她曾經共事過的作者，他們也成為推薦客戶的重要來源。

如我們的故事所呈現的，和你的聯絡人保持鬆散聯繫就是這麼一回事——目前沒有立即職缺，但你只是想要和一間公司裡的人建立關係，而職位和需求也尚未改變。我應該還要補充一點，儘管卡洛琳跟我都有多年資歷，但你當然可以在年紀更輕的時候就去獨立門戶，尤其假如你願意投入時間去持續建立人脈。擁有個人關係，抱持開放態度和彈性去打聽，的確是會帶給你新機會，而且是在你出現前真的都沒人想到過的。

晉升下一級

有另一種狀況比立刻掌握新工作還需要更久的時間：為了未來更長遠的好處而建立新關係，在自己的所屬領域聲名大噪，累積自己的資歷。

艾比．克恩斯就是這樣找到自己的一片天。她擁有十五年以上的企業級軟體與營運的經驗——管理技術團隊並完成複雜的案子，發展並執行產品和商業策略——在一個長期忽視女性，甚至不歡迎女性入行的行業，艾比卓越幹練。最近一位共同朋友請我跟她見個面，想要幫她在該領域提高能見度。

今天，整個行業對於像艾比這種專業人才的興趣更甚以往。因為現在聘僱主管、會議策畫、企業董事會時，全都敏銳地意識到人才多元及包容的好處。全球顧問公司麥肯錫（McKinsey）最近做的研究顯示，公司在任用不同層級的全體員工方面，實際做到性別與族群的多元性，財務表現比起其他公司來得更好。

此外，有越來越多組織不安地意識到，假如他們在這方面沒有作為，聲望會受到重創。

所以，經過多年幕後操盤，艾比——她給我的印象是個精明幹練的人，並向我坦承她算是內向人——準備好要打開自己的知名度。提高能見度將會幫助獵人頭公司和會議籌辦人找到她，這會帶來能幫她在所屬領域更進一步的機會。她最近告訴我：「我想，乾脆再聯絡一下吧，見個面、喝杯咖啡。就算我不知道我為什麼要去碰面，但我常與對方聊得很開心。」既然艾比當前的目標沒有特定對象，她需要持續與許多人建立一對一的關係。

這點對你來說也一樣：你認識越多知道你能力的人，就越能在各種機會榜單上脫穎而出。我發現我寫了很多條件句，但是，比起基本的找工作，這是時間更長的競賽。

每次的相遇都可能帶來些許獎勵。以下是一些幫助你打持久戰的戰術：

- 拓展你的LinkedIn摘要。摘要是在你的個人頁面上方。比起底下按時間順序的條列，可以（可說應該是）更廣泛反映你的能力和興趣，以及你所著眼的目標。
- 撰寫並張貼專業話題的文章。為了闡釋你對於所做的工作的想法、你的熱情為何、你對所屬領域的觀察，以及說明相似的主題，撰寫貼文並分享出去。LinkedIn與Medium是兩個適合的平臺，因為其他在你活動範圍內的人會讀到這些貼文並繼續廣傳。

- 讓其他人知道你有興趣擔任新創公司的顧問、在董事會上的領頭角色或其他可以提高你的能見度的職位。這些職位極少對外公布，所以在你活動範圍內裡的人是得知這種消息的最佳管道。
- 在你所關心、而且與你的專業生活相關的慈善團體組織擔任志工。打個比方，假如你在軟體業工作，可以積極參與協助年輕女性習得科技技術的團體，像是Girls Who Code Black Girls Code或是其他STEM課程，此舉能替你的專業檔案加分。或者如果你在支持實做訓練或實習的公司裡上班，積極參與企業所舉辦的活動。

別光是參加會議，也要開口發言

尋找你可以在會議上發言或發表的機會，這是個引人注意，打造自己平臺的絕佳方法。

- 尋找因你的專業而使得大家想找你去當講者的會議。給你一個專業訣竅，尤其是女性、有色人種、和LGBTQ族群（註：女同性戀、男同性戀、雙性戀、跨性別以及認為性別狹隘或正在摸索自己性向的人）：許多會議籌辦單位知道他們需要多元的講者陣容以及觀眾。
- 比起大型貿易展，小型會議和研討會通常較不正式，但也較不令人卻步。比起把關係轉傳給他人，你在這裡更有機會建立關係。
- 在比較小型的活動，主動召集或主持分組討論時間，展現你的領導與合作能力。
- 可以好好利用的延伸目標：努力爭取去發表主題演說的機會。（今天許多主題發表的時間，是在可控制的二十或三十分鐘內——有別於過往長達一小時以上、充滿激情的演說。）主題演講給你額外的優勢和材料，去建立的你的職涯路徑。

可能相關的應用程式

即便我在本書宣揚個人關係，但其實你也可以找到許多我沒提及，設計用來幫助你打造商業人脈的應用程式，但大部分我都沒用過（而且坦白說，我不可能去使用），但我不想隨便就否定它們——你可能會發現不只一種程式管用。有兩大類應用程式可以去仔細研究。內向人覺得聯絡人加強工具最有意義。

你可以持續更新聯絡人的狀態，他們的資訊會顯示在方便的應用程式裡，或電子郵件相關的外掛程式，誰都不用打擾就能完成更新。例如FullContact、CircleBack、Sync.ME或Cloze等程式。

另一種應用程式所採取的方式則是按照專業興趣來讓人們建立連結關係。這種應用程式的設計目的，是為了讓你能與跟你有同樣專業背景或興趣的人，建立新的連結關係。這類程式有Shapr、Bizzabo、Bumble Bizz或者CityHour。

在閱讀本章時，你可能發現自己納悶這本書到底談的是人脈還是找工作。答案是前者幫助後者，這也是我為何稍微轉個方向，討論一些找工作的方法。在你的專業生活裡踏出下一步，壓力可能很大，因此，如果你一直在經營你的人脈，你更可能找到你自己的路。

記住，每個你認識順便認識，或甚至是在網路上追蹤的人，都是你去認識其他人，以及工作消息的潛在連結。到目前為止，我們所討論的每一件事都用上了：弱連結、保持鬆散連結、你的線上工具箱等。用所有上述方式去追蹤你有興趣的的消息，適合的機會註定會出現。

12 你也辦得到

解放並非來自外在。

——葛洛莉雅・斯坦能（Gloria Steinem，美國女權主義者）

當你思考該如何為自己重建人脈，跟不熟的人建立連結關係，我可以理解你對此事為何諸多抗拒。尤其是當你懷疑自己的職涯之路，或是在嘗試新事物時不知所措，這是很可怕的事。當你感覺脆弱無助，你不認為自己值得那些熟人花時間和精力去幫助你。無論是在工作上更進一步、搬家、在職涯或學業轉換跑道，每個站在十字路口的人，大多都有相同感受。

本章探討部分這些恐懼。我是一個曾經自我懷疑的人，由我來鼓舞各位士氣，希望本章能當作精神喊話。

尤其在我年紀更輕的時候，我非常懷疑自己的能力和抱負。我很容易為我能做的事、或我能做多少的事設低標（別管我，我在角落這裡好得很）。

經過漫長且無所事事的生活，沒錯，還加上一些治療，我才感覺到腳踏實地，了解本來的自己就很好，知道我跟任何人一樣平等。

在此我想輕輕提醒你，假如我做得到，你也可以。與那些在你有需要時可以仰賴的人建立有意義的連結，你可以用這些連結替自己搭建一張更大的安全網，甚至在過程中還可以幫助其他人。

挫敗是千真萬確的

可以確定的是，我們大家都一樣，沿路上會遭遇打擊你士氣的阻礙。

假如你現在五十歲或年紀更大些，年齡歧視大概不是你的想像，這是很真實的事（四十多歲的朋友告訴我，就連他們都感受到年齡主義的冷風吹來，但對我們的目標而言，五十歲是個引爆點）。

至於女性，在找尋工作或自我目標時，有時會替自己設限太多。話又說回來，當任何年齡、性別的人搬到一個新城市、準備去學習新技術或是渴望改變環境，理所當然都會感到挫折。

任何目標和需求都可能釋放脆弱感，反過來也會導致我們去縮小我們自己的需求（對，我以前就是這樣）。現在，處在這些狀況的人來找我，因為他們想要有新觀點或是認識聯絡人，我偶爾會聽到這種開倒車的想法：

「我不想變成別人的麻煩。」

「我現在真的還沒準備好認識人；我得先做功課。」

「我最好等到我把履歷表／作品集準備好再說。」

當然，暫停介紹或是進行後續動作，有很多合理理由，但我聽到的往往不是，我認為這些是拖延戰術。我反對延遲的主要論點是：你接下來應該認識的人不是招募人員。你不必為了他們去準備你的履歷表（或你的表演）。我所建議的聯絡人可能是在相關領域、做過類似的搜尋，或是對你想進入的公司或產業知之甚詳的人。

以下給你們拖延者的兩點提醒：

一、只是喝杯咖啡而已。辦一場沒什麼壓力、喝杯咖啡的聚會，這是互相認識的時間。某方面來說這是提供消息，或許甚至說服你去避開那個職位或公司。

二、別人要求你空出時間，一塊腦力激盪，為職涯構思，我相信你也會同意幫忙。難到你不值得別人一樣幫助你？如葛洛莉雅・斯坦能所說：「在每個地方尋找盟友。別讓傳統階級綁住你。」

接著，我們來進一步看看可能會遭遇的阻礙。

給所有姊妹的一席話

說到斯坦能，我已經想不起來有哪個問我意見的男人後來臨時變卦，說他「不想這麼麻煩。」不過，女人——無論她們是我的朋友、陌生人、熟識，背景五花八門——即便是在她們真的需要幫忙的時候，她們還是常常會說自己沒準備好認識聯絡人和接受指導。

哈囉，各位姊妹！我知道妳們熟知所謂「信心差距」，那種現象是指女性常會擔心自己「不夠好」而過度準備，不敢走下一步；而男性對於要在面試即興發揮或是美化個人經歷感到自在，同時散發自信，產生正面結果。

在一篇二〇一四年的《大西洋月刊》（*The Atlantic*）報導，文中註明一篇惠普（**HP**）的研究，發現該公司的女性職員申請升官，「只有在她們相信自己百分之百符合工作所列出的條件。男性則認為自己符合百分之六十的工作條件時，就欣然提出申請。」

聽起來很耳熟嗎？有關人脈和建立新關係，看到同樣現象出現不意外。

就以一位我認識多年、名叫愛琳（非她的真名）的女子為例。她替大型消費性客戶進行研究和市場測試，戰果輝煌，記錄斐然。

有鑒於她的案子有週期性，我們在她工作的休息時間碰面，一起腦力激盪，想想她可以追尋的新方向。她總是同意我提出她能夠或應該去見的人選——但也坦言，主動聯絡使她「覺得有點羞恥，好像我在乞討，因為我專業不足。」用她的話來說，她認為這種行為可能很「蠢」，有所掙扎：「情感上來說，我應該是準備妥當、有條不紊才對。」許多女性想要新點子時，尤其是她們不知該往何處去，愛琳的猶豫讓大家感到似曾相識。

更往前頭回溯這種信心差距，很容易見到女性有多沒信心，可能遲遲不按照她們對新職務或新領域的興趣去採取行動，不是想得太多，就是太早便拘泥在細節。許多我認識的女性都有根深蒂固的信仰——我自己也是在這件事上掙扎萬分——就算是非正式的介紹或是最初的聯絡，我們永遠都「準備不夠」。

有這種症狀的姊妹們，我建議妳們去跟一個可能的聯絡人來場非正式會面，而非約工作面試。這是跟一位可能幫上忙的人聊聊天罷了。

話又說回來，可能是愉快的一條死路，你就離開去下一個聚會吧。別把賭注押得太高，讓你自己動彈不得。就算你花了四十五分鐘去推論那個人、角色、公司（你自己挑）似乎很糟，那就贏了——會替你之後省下大把時間！

這裡的重點是，假如需要我再說一遍的話，首先，你值得努力，第二，繼續往前走下去。現在就是最適合開拓新市場的時候。

給剛起步的人

雖然我前面針對已經在工作的人，以及因為工作資歷而擁有某種人脈的人寫了很多，那麼你該什麼時候開始？當我見到剛畢業的大學生、實習生或其他找尋自己第一份專業工作的人，我鼓勵他們，朝著就業世界前進時，要習慣主動聯絡別人，不用到正式的地步。此時是最適合開始建立關係的時刻。你的在校朋友就是你的聯絡人，他們的父母也是你友善往來的人、你的老師，任何你已經認識的講師、你在暑假打工的老闆、你去當志工和實習的地方也都是人脈庫。

除了和你已經認識的人保持聯絡，養成習慣，去請教看起來有趣又天資聰穎的人，邀他們一塊喝杯咖啡、交換情報，聽聽他們的故事，把你的故事告訴他們。然後不時和他們保持聯絡，談談你的經驗，也聽聽他們的經驗。

很快，你就會替自己建立一群很棒的連結關係，甚至可以幫助後輩。人力資源記者湯尼·李提醒社會新鮮人，「有效的人脈關係幫助雙方。聯絡人喜歡談他們自己，聊他們大學畢業後怎麼找到工作、他們那一行的公司的目前狀況。假如他們能幫你牽線，應徵上某個工作，他們都是在幫你跟你的新雇主一個忙，他們希望將來有天能得到回報。這是個雙贏的局面。」

假如你跟我一樣「老」

讓我花個幾分鐘時間，來跟你們當中五十歲以上的人談談，因為你們大概覺得需要磨練自己的能力才能留在戰場上。求職網站CareerBuilder在二〇一八年做的一項研究發現，六十歲的工作人士有百分之五十三延後退休，十個人裡面有四個人不知何時退休。

假如「六十歲就等同於新的四十歲一樣」。感謝數百萬戰後嬰兒潮，目前已經是快接近六十歲和七十歲世代。說到工作機會，你的年紀越長，你在勞動市場就越不重要。

一方面來說，過了五十歲，你就變成昂貴的資源（你賺的薪水更高、得到更多有薪假、可能有更高額的健康保險花費等等。）在大公司，效率專家定期計算請你出門的優退方案（buyout package）。

假如你是資歷輝煌的老前輩，你確實對制度知之甚詳。但是，當公司採取新策略並要求新技能，那麼你所具備的價值就會隨著時間縮水。無論你適合哪裡，你待在公司的日子或許已屈指可數，或至少雇用條件已經到頂了。

以更高成本聘請五十世代的員工背後，還有其他相關因素。我遇到許多擁有二十年或三十年扎實職涯的人，他們的領域（出版業、零售業等）正經歷重大動盪，他們試圖理出頭緒要怎麼進入新事物。另一個原因則是因為家庭變化（照護、孩子、年長的親屬）而可能需要搬家；對於下一步要怎麼做，會造成許多未知數。還有，一些五十多歲的人想要增加彈性的工作時間，這樣最終可以縮減工時。

很容易理解這些人和其他年長者抗拒去見陌生人的原因，尤其是陌生人可能比他們年輕、可能代表他們所畏懼的改變。

較年長的工作者可能有這種念頭：「他們為什麼要幫我？我們得談些什麼？假

如他們拒絕怎麼辦？」我看過很多工作經驗老到的人把眼界放低，或長期待在一成不變的職位，做一天算一天、等著領遣散費。

年齡歧視是一種情緒操縱現象。有很多東西你沒看見或不知道，大多數你能證明的時候很少。

眾人對科技世界的集體想像，那裡是只限三十歲以下人的地方，當然在科技世界裡，沒有人會直接說：「你年紀太大了，不適合這裡。」儘管我自己沒有在矽谷經歷過這種遭遇，但年齡歧視確實存在。但因為通常不明顯（尤其在你一開始應徵工作的時候），而且講白了，你也無能為力。

不過，你能做的就是做功課，即「研究」。例如：

- 密切檢視你有興趣的公司的廣度和包容度（提到年齡的字眼非常罕見，但你還是檢查一下）。
- 搜尋LinkedIn，看看是否有在你年齡範圍的工作，建立連結關係去確認實際狀況。
- 搜尋新聞報導和評論，去找找看該公司接受或排除五十歲以上的員工（最近的負面案例就是ＩＢＭ，他們因為逼迫長期員工離職而飽受抨擊）。

• 誠實評估你自己對於改變的容忍力，尤其假如這意味著你不會在一個因為年齡或經驗而得到驕傲的地方工作。（有些人可以輕鬆就擁抱混亂和未知。）

假如你得到在一個新地方面試的機會，每一步都要拿出你最睿智、機警和有趣的一面。

你的經驗和所學到的智慧是非常真實的資產，而且的確有價值——就算你不能拿來當作你自己的基本資格。通常，年輕的公司著重在你能替他們做的事，而不是你以前所做過的事。

遵守這條規則還不差。當你在調查有興趣的領域和公司時，想一想你的經驗和技能如何滿足他們的特定需求。他們真的需要拓展國際市場、開發合作計畫、打造更多訓練課程？你的經驗可能符合這些需求。我在科技業的這些年，經常有人因為我的平和觀點，還有些人說我能「辦妥鳥事」（這是讚美）、當個值得信賴的聆聽者而讚美我。這些都是很好聽的話，但我發現自己在想：我擅長做這些事，是因為我上了年紀！沒什麼事會讓我驚訝了！

我五十一歲才進入谷歌；我加入推特的時候是六十歲。我在兩家公司都學到非常多東西，但我會告訴你，每天保持積極、充滿幹勁，靠的全是毅力。並非因為我經歷明顯的歧視；更是因為我的期望（起初，我相信我過去的經驗一定會自動提升我自己），與在一個有活力的年輕環境裡工作的現實對比，在那種環境裡，從做中學、從犯錯中學習是工作光景的一部分。儘管我相信年輕員工比年長員工有更多學習、而且「很快失敗」的空間，但最終我還是從這種系統裡獲得極大好處。需要許多年輕科技人才的公司，把招募重點放在大學畢業生以及二十幾歲的年輕人，所以我不認為態度上會有巨大轉變。

我之前在科技公司工作很多年，但那些公司的規模全都不大。即便是在谷歌早期，招募的人數顯著增加：我在二〇〇二年的秋天進公司，當時不到六百名員工，不到兩年，員工人數增加到兩千三百人。到了二〇一一年我離職時，員工總人數共五萬名。

我們這些老員工必須快速學習去面對這些快速湧入的新人，這也造成結構增加、出現更多管理層級和更多流程。在這種高成長的階段，我沒有按照期望加速進展，使我深感痛苦，尤其相較於我的同僚——並非他們比較年輕（他們是真的比較年輕），而是因為他們的角色更受公司重視。

我在很大程度上自己創造我的編輯角色；我沒有一個想幫我向上提升的導師，尤其是在產品或工程方面。

儘管如此，我把自己的情感放在一邊，盡可能從品牌雇主身上學到東西。結果是美好地改變人生。我跟活潑、聰明又年輕的同事一起工作，結果獲得成長。

尤其是在這種企業快速成長的時候，假如你已經習慣傳統產業的各種好處，這種企業或許就不適合你。有些人似乎太執著個人職涯長期的輝煌成就，並且期待將這種風光帶進這個新世界，我就會勸這種人打消「進科技業」的念頭——過去的輝煌不是成功的保證。說得更廣義點，有時，一間公司的風格就是不適合你。這不是年輕人對上老人，而是在於公司的價值或是所處的行業。

認識一個新產業，或是想很快學會各種技能，那就加入客戶遍布在各種行業的專業諮詢機構（例如，行銷與廣告、技術支援、通訊）。或是你可能考慮效力於非品牌公司、比較不知名的公司，你都可以在那裡獲得轉換進入新時代所需的技能。

當你進入五十多歲俱樂部，還有兩個需要去建立人脈的原因。第一，你工作越久（以及活得越久），你就會有更多來自四面八方的聯絡人。記得你的弱連結嗎？當你研究新的選擇和地點，弱連結特別有用。廣泛思考你認識的人，包含你可能單純見過的人或是朋友的同事，去了解不熟悉的機會。

第二，想一想你要怎麼定位自己是「導師兼徒弟」（mentern）——這是一個新名詞，形容一邊當他人導師，一邊像實習生（並非是你真的在當實習生）一樣學習新技能的人。

資深旅館業大亨暨企業家奇普•康利（Chip Conley）在他的著作《除了經驗，我們還剩下什麼？讓資深工作者邁入職涯高原期時仍然維持競爭力的職場智慧》（*Wisdom @ Work: The Making of a Modern Elder*）講了他自己在五十二歲那年加入Airbnb的故事。雖然奇普在他的工作生涯裡，學到許多EQ（情緒智商，emotional intelligence），他說他進到這間年輕公司時，毫無DQ（數位智商，digital intelligence）。在Airbnb工作的時候幫他學到DQ，而他也將EQ分享給年輕同事。二

○一五年的電影《高年級實習生》（*The Intern*）也是一個很類似的故事。在電影裡，安・海瑟威飾演焦躁不安的執行長，掌管一間快速成長的科技公司，勞勃・狄尼洛飾演一名泰然自若的七十歲鰥夫，成為這位比他年輕甚多的執行長的助理。自然，他學到新的辦公室技能，同時，他也將許多提高生產力和效率並減少壓力、以及更好的人際關係技巧，傳授給執行長和她的團隊。如奇普所做的事一樣，也如電影所描繪的一樣，你在新環境裡有很好的條件可做類似的工作。

假如你的人脈處於靜止狀態

當人在同一個組織或是在同一個團隊多年，就會變得安逸。或許他們不打算離開自己熟悉（甚至感覺大家像一家人）的環境。但是你可能會感到無聊，或對於所屬團隊或公司的新長官沒有好感。

你發現自己會嫉妒那些轉換跑道的朋友。還有那些為了各種不同原因而離開就業市場的人：照顧孩子或父母、生了重病、好不容易才搞定離婚、法律問題。我最近認識一位四十多歲的女子，她有扎實的科技能力，為了照顧她年邁的雙親以及公婆，並且陪伴他們直到過世，因而已經離開就業市場兩年（她再次四處尋找工作，並且得解釋她近年沒有工作的原因。我熱切希望她能獲得同情及聘用）。為改變震驚之後，你該重整自己，再次重新啟動專業引擎。

不久前，我認識一位我稱作愛麗絲的女子——她是一位經驗豐富的公關主任。她擔任目前的職位十年了，發現自己覺得無聊。待在同一個地方這麼久，她向我坦言，她放掉了自己的人脈。現在她為了到處尋找新職位，需要新的聯絡人。在理想狀態下，她不會一開始就讓自己的人脈靜止不動。

如你看到現在已經知道，在工作生活的任何一個階段，你應該定期呵護你的聯絡人。今天，愛麗絲藉由創造一個新的人脈，來彌補她所遺失的人脈：她定期與新認識的人聯繫，並且得到新線索。她後續追蹤每一個人，還有我們這些替她引介的人，我們也因此持續得知她的進展。

我很有信心，愛麗絲在目前的工作上，會找到一個很適合她的絕佳新職位。我打賭她再也不會讓她的聯絡人睡著了。

當你突然遭逢生命裡的劇變

在生活轉變時，人脈變得非常重要。你可能盯著自己的專業工作看了半天，沒什麼方向（就像以前的我，頑固的自由藝術型），或者你可能本身有了幾年工作經驗，但卻面對計畫中或非計畫中的改變。

無論你在迷宮的何處，未知帶來的陌生濃霧加深了焦慮。無論是畢業或遭到裁員、離婚或分居、不得不的搬家、出生或死亡……全都需要你跨出圈子，主動向外聯繫，去向新認識的人學習。這些變動迫使我們發展新的例行規則，並且培養新概念。假如沒有，你就是冒著未來工作和成長選擇越來越少的風險。

我很喜歡一個「當你突然遭逢生命裡的劇變」的故事，這是我朋友斯瑞・史瑞尼瓦山的故事。幾年前，他在無預警之下被迫從他做了三年的工作離開，當時他是紐約市大都會美術館的第一位數位主管，成為博物館的財務困難的苦主。

比起我們大多數人，斯瑞做過記者、社群媒體先鋒，以及哥倫比亞大學教授，在線上及真實世界培養了一大群活躍的追隨者。當他離職的消息傳出，我以為他私底下去找地位崇高的聯絡人，確定了他未來在幕後的舞臺。但斯瑞公開找工作，讓他許多追隨者知道他對四面八方的消息來者不拒。他甚至張貼了一篇公開的谷歌文件去記錄任何別人提供的點子和聯絡人；他在紐約市各處舉辦「認識一下」的健走聚會（有時稱為「走走聊聊」（walk and talks），邀請大家加入。他接受了紐約市政府的新職位，結果時間不長。他的職位後來跟另一個職位合併。

打從那時開始，斯瑞重新創造自己，搖身一變，成為數位及社交媒體顧問，在他臉書已經建立而且活躍的基礎上加以拓展，他在臉書主持了幾個團體，LinkedIn、推特和Instagrm也都看得到他的身影，以及他廣大的個人人脈。今天，他的行程滿檔，全是和世界各地的組織進行的工作坊、演講和諮詢。在過去幾年來的瘋狂旅程中，這很可能是他的完美角色。他觀察他這趟旅程，得知：「你得在還沒有迫切需求時就找到一個了不起的支持團體，以及了解你的人。」

即便沒有斯瑞所享有的那種廣大人脈，他最近的經歷也告訴我們一些事：

- 無論你有沒有想到，改變都會發生。

- 使你自己保持心胸開闊，歡迎任何新的可能。
- 你認識的人永遠都比你自認為所認識的人還多。
- 說出你的故事，把你的需求說清楚。

在瞬息萬變的時代，我給你的最佳建議，就是藉著主動聯繫舊識和剛認識的人——尤其是你的弱連結——打通電話、聊天、散步或是喝杯咖啡，稍微加深對彼此的認識，穩定地一點一滴去除你的不確定性。沒有一個人，沒有一場會議，有可能給你一個完美答案，但你從中所學到的知識，將會成為你的答案的一部分。這就是你形塑新機會的方式。

最後，當你思索改變和克服積習，試試看這個想法：建立一個長久的人脈，你不只對他人慷慨，也要對自己慷慨。我們大多數人會很高興幫忙需要建議的人，但我們常常不情願為自己去得到這種支援。備受敬重的加州大學洛杉磯分校的籃球教練約翰·伍登（John Wooden）遵從七點信念知名。最適合灰心喪志的求職者、尋找事業、以及潛在的改革者就是「未雨綢繆」。

後記

在本書裡，我從頭到尾嘗試以各種理由告訴你，經營人脈不必是件苦差事，運氣好的話，經營人脈不是只有算算你有多少位聯絡人，還能助你達到更偉大的目標。抱著開闊胸襟、對別人有好奇心，你會看到人脈在你一生中所帶來的好處。

我之所以堅信這個想法，因為，將近三十五年前，我在舊金山灣區落腳之後，我便一直體會到人脈的好處。即便當我安頓下來，我感覺彷彿獲得允許：在這裡，無論什麼都可以嘗試、我可以改變我的心意、我可以褪去一身舊皮囊。當然，超過一世紀以來，舊金山一直以這樣的方式吸引數以千計的人前來——彷彿海洋的空氣本身，敞開雙臂歡迎新想法和新發明。許許多多的作家，從凱文・史塔（Kevin Starr）、雷貝嘉・索爾尼（Rebecca Solnit），到萊斯利・柏林（Leslie Berlin）與約翰・馬爾科夫（John Markoff），述說一個個引人入勝的故事，顯露這種地區性開放感的彈性。

身為世世代代前來的朝聖者之一，我看到灣區會是一個能夠在此改變路線、消失、重新出現、進化的好地方，而且安全——感覺到處都可以獲得接納。我學到改變可以是種美德，同樣重要的，失敗不是罪惡。如史丹福大學教授奇普・希思（Chip Heath）所言：「失敗不會讓你的紀錄留下汙點，尤其是在矽谷。在這裡，失敗可說是榮譽徽章，表示你學到了東西。」

我現在回憶這段往事，因為比起從前，我認為這種「何不一試」的精神，現在在各地變得流行起來。灣區，或者說得更狹隘一點，矽谷，沒有限制把目標放在追尋自我發現和重新發明的人。在諸多例子中，可以看到人們以強而有力的方式建立關係，從二〇一七年幾乎是自發性的全球運動「女性大遊行」（Women's March），再到專為年長人士設計的「村連村網路」（Village to Village Network）的崛起。這些與許多其他的人脈網出現，因為人與人彼此相連，去處理解決嚴重而且存在已久的問題。同樣重要的是，在個人層面上，人們比起以前有更多工具去向外聯繫，和彼此保持聯繫。今天無論你身在何處，都可以建立新的連結關係，當你有需要，召集你的智囊團去尋求靈感和指導。當你主動去建立新的連結關係，訣竅在於你要看的不光是別人介紹、最初的電話談話或會面。賀比・漢考克（Herbie Hancock）說過：「爵士樂的精神就是開放的精神。」所以，建立真誠的關係、學習向別人即興發表的藝術也是一樣。當你思考自己需要什麼、能找誰幫忙，我希望你能放手讓開放的精神去指引你。也許沒什麼特別原因，但透過你的熟人或相交甚淺的人、你想認識的人，以及每一個你敞開心胸去認識的人，你需要的答案一直就在你身上。

現在，不管你需要怎麼重組，就去做吧，並且把門打開。

致謝

知道你的親友支持你的努力，沒有任何事物能取代，在這件事上，我是個很幸運的女人。首先，一定要感謝的是科技新聞記者史蒂芬・萊維（Steven Levy），他在二〇一五年向我邀稿，要我替《備援頻道》（*Backchannel*）撰文，這是他先前在Medium辦的線上雜誌，現在已經成為Wired.com的一部分。史蒂芬鼓勵我去發表一篇標題為〈我窮盡一生打造超強人脈〉（"I've Spent a Lifetime Building a Mighty Network When Life Comes at You"）的文章，該文成為本書的基礎。該文和我其他的寫作作品也使我的朋友提姆・拉柏瑞克（Tim Leberecht）替我與他在哈潑柯林斯出版社（HarperCollins）的編輯何莉絲・辛波（Hollis Heimbouch）牽線。我與Hollis之間的exchanges使我去聯繫我那位超級牽線王的朋友拉朱・納里塞蒂（Raju Narisetti），我因此直接找到了琳恩・強斯頓（Lynn Johnston），她後來成為我的經紀人。在幾個月的時間內，琳恩很有耐心，引領我通過書籍提案的奧秘，最後贏得一紙與試金石出版社（Touchstone Books）的合約。這是我最後出現在試金石出版社的資深編輯卡拉・貝迪克（Cara Bedick）的桌上的過程，卡拉在各方面都心思縝密、平易近人。同時，在舊金山我家這裡，既是我的老友、也是前同事茱莉・費納（Julie Felner）介紹我認識卡洛琳・平克斯（Caroline Pincus），她是一位資深的書籍編輯，我聘請她來將我的想法（以及各章節）整理成形，讓卡拉能後續編輯。經過數個月來字字斟酌，她證明了她是位寶貴的第一個讀者、誠懇的聆聽者。我老是提醒大家，每個人都需要編輯——即使是像我這樣的編輯也一樣。我很感激我有兩位編輯，在這趟長程冒險擔任我的導遊。

試金石（Touchstone）團隊，包含希達・卡爾（Shida Carr）、梅根・魯道夫（Megan Rudloff）（公關）、凱爾西・曼寧（Kelsey Manning）（行銷），以及蘿拉・布萊克曼（Lara Blackman）（編輯），他們是代表我的寶貴靠山。沒有感謝以下這些把稿子變成一本書的人，致謝就不完整了；我感謝文字編輯派蒂・羅曼諾斯基・巴薛（Patty Romanowski Bashe）以及製作編輯莎拉・萊特（Sarah Wright）的勤勉。

其他的朋友和同事一直以來相處愉快，常常是我重要的誠摯聽眾。這些人包括了「羅比納提」（Lobbinati）小組，這是一個由許多一人公司老闆組成的小團體，每月定期聚會，討論與工作相關的諮詢以及我們各自的抱負：珍妮佛・唐納文（Jennifer Donovan）、茱莉・費爾納（Julie Felner）、大衛・吉列克曼（David Glickman）、海瑟・歐唐諾（Heather O'Donnell）和丹・泰能（Dan Tynan）。莎拉・巴拉斯克（Sara Blask）、凡妮莎・霍普・施奈德（Vanessa Hope Schneider）、瑪咪・希利（Mamie Healey）與珍妮絲・瑪隆尼（Janice Maloney）也給我形塑想法的睿智意見。貝茲・史居特（Betsy Streeter）和尼洛夫・莫川特（Nilofer Merchant）是我早期的嚮導，幫助我思考本書的性質；過去一年裡和華特・莫斯伯格（Walt Mossberg），從書、科技到新聞素養無所不聊，這也支持了我。其他記者朋友——潔拉汀・包姆（Geraldine Baum）、大衛・比爾德（Dave Beard）、喬・布朗（Joe Brown）、黛比・威爾（Debbie Weil）、欣蒂・史蒂維（Cyndi Stivers），以及尤其是約翰・豪斯（John House）——他提醒我大衛・卡爾（David Carr）的格言（「繼續打字，打到變成文字」）之所以不朽是有原因的。

彷彿這一切還不夠似的，我非常感激其他好友不斷對我情義相挺（假如你認為你是這樣的朋友，你的確是）。特別向經常替我打氣加油的朋友大聲感謝，包括艾丹・班庫亞（Eitan Bencuya）、翔恩・卡森（Sean Carlson）、克莉絲汀・陳（Christine Chen）、凱西・庫克（Cathy Cook）、雪納茲・達佛（Shernaz Daver）、崔西・狄米洛茲（Tracy DeMiroz）、克莉絲・蓋瑟（Chris Gaither）、蕾貝佳・戈德史密斯（Rebecca Goldsmith）、吉兒・海瑟貝克（Jill Hazelbaker）、艾咪・海姆斯（Amy Hyams）、寇特妮・霍納（Courtney Hohne）、茱莉・金（Julie Kim）、布萊恩・歐翔納西（Brian O'Shaughnessy）、裘蒂・歐森（Jodi Olson）、貝瑞・歐文（Barry Owen）、吉姆・普洛瑟（Jim Prosser）、瑪姬・席爾斯（Maggie Shiels）、蓋伯瑞・史崔克（Gabriel Stricker）、傑夫・提德威爾（Jeff Tidwell）以及艾倫・札莫斯特（Aaron Zamost）。我也很感激答應受訪的人：崔維斯・寇威爾（Travis Culwell）、蘇珊・艾琳格（Susan Etlinger）、蘿絲・方托奇（Rosie Fantozzi）、提姆・費雪（Tim Fisher）、布萊恩・費茲派崔克（Brian Fitzpatrick）、安・韓德利（Ann Handley）、艾比・克恩斯（Abby Kearns）、艾麗珊卓・蘭（Alexandra

Lange）、萊恩・麥杜高（Ryan McDougall）、伊恩・桑德斯（Ian Sanders）、茱莉・施洛瑟（Julie Schlosser）、茱蒂・韋特（Judy Wert）和杭特・沃克（Hunter Walk）。

最後，我要將本書獻給湯姆・萊利（Tom Rielly），我將近三十年的朋友，我們一起共享無數次的冒險、談話和旅行。打從一開始，湯姆告訴我要如何從從過去的恐懼以及傳統旁邊走過，進入更開闊的生活，以及一個一天比一天變得更豐富、充滿可能性的世界。湯姆，我滿懷愛和感激。

國家圖書館出版品預行編目資料

越內向，越成功：Google 媒體關係總監、Twitter 總編親授，給內向者的「無壓力社交法」，輕鬆建立深刻人脈 / 凱倫．維克爾 (Karen Wickre) 著；沈曉鈺譯．-- 初版．-- 臺北市：商周出版：家庭傳媒城邦分公司發行，民 109.08

288 面；14.8X21 公分．-- (ideaman ; 121)

譯自：Taking the work out of networking:an introvert's guide to making connections that count

ISBN 978-986-477-893-5(平裝)

1. 人際關係 2. 成功法

177.2　　109010963

Ideaman 122
越內向，越成功：
Google媒體關係總監、Twitter總編親授，給內向者的「無壓力社交法」，輕鬆建立深刻人脈
Taking the Work Out of Networking:An Introvert's Guide to Making Connections That Count

作　　者／凱倫・維克爾（Karen Wickre）
譯　　者／沈曉鈺
企劃選書・責任編輯／韋孟岑
版　　權／黃淑敏、吳亭儀、邱珮芸
行銷業務／黃崇華、周佑潔、張媖茜
總 編 輯／何宜珍
總 經 理／彭之琬
事業群總經理／黃淑貞
發 行 人／何飛鵬
法律顧問／元禾法律事務所　王子文律師
出　　版／商周出版
臺北市中山區民生東路二段 141 號 9 樓
電話：(02) 2500-7008　傳真：(02) 2500-7759
E-mail：bwp.service@cite.com.tw
Blog：http://bwp25007008.pixnet.net./blog
發　　行／英屬蓋曼群島商家庭傳媒股份有限公司城邦分公司
台北市 104 中山區民生東路二段 141 號 2 樓
書虫客服專線：(02)2500-7718、(02) 2500-7719
服務時間：週一至週五上午 09:30-12:00；下午 13:30-17:00
24 小時傳真專線：(02) 2500-1990；(02) 2500-1991
劃撥帳號：19863813　戶名：書虫股份有限公司
讀者服務信箱：service@readingclub.com.tw
城邦讀書花園：www.cite.com.tw
香港發行所／城邦（香港）出版集團有限公司
香港灣仔駱克道 193 號超商業中心 1 樓
電話：(852) 25086231 傳真：(852) 25789337
E-mailL：hkcite@biznetvigator.com
馬新發行所／城邦（馬新）出版集團【Cité (M) Sdn. Bhd】
41, Jalan Radin Anum, Bandar Baru Sri Petaling,
57000 Kuala Lumpur, Malaysia.
電話：(603)90578822　傳真：(603)90576622
E-mail：cite@cite.com.my

封面設計／萬勝安
內文設計排版／菩薩蠻數位文化有限公司
印　　刷／卡樂彩色製版有限公司
經 銷 商／聯合發行股份有限公司
電話：(02)2917-8022　傳真：(02)2911-0053

■ 2020 年（民 109）09 月 01 日初版
■ 2021 年（民 110）12 月 26 日初版 3 刷
定　　價 380 元
ISBN　978-986-477-893-5

Idea man

Idea
man